电信诈骗言语文字话术分析手册

冯文刚　李佳伦
王　毅　刘振章　著

中国人民公安大学出版社
·北京·

图书在版编目（CIP）数据

电信诈骗言语文字话术分析手册/冯文刚等著. —北京：中国人民公安大学出版社，2022. 11

ISBN 978-7-5653-4610-1

Ⅰ. ①电…　Ⅱ. ①冯…　Ⅲ. ①电信-诈骗-研究-中国
Ⅳ. ①D924. 334

中国版本图书馆 CIP 数据核字（2022）第 197530 号

电信诈骗言语文字话术分析手册

冯文刚　李佳伦　王　毅　刘振章　著

出版发行：中国人民公安大学出版社
地　　址：北京市西城区木樨地南里
邮政编码：100038
发　　行：新华书店
印　　刷：北京市科星印刷有限责任公司

版　　次：2022 年 11 月第 1 版
印　　次：2023 年 7 月第 2 次
印　　张：4. 875
开　　本：880 毫米×1230 毫米　1/32
字　　数：110 千字

书　　号：ISBN 978-7-5653-4610-1
定　　价：48. 00 元

网　　址：www. cppsup. com. cn　www. porclub. com. cn
电子邮箱：zbs@ cppsup. com　zbs@ cppsu. edu. cn

营销中心电话：010-83903991
读者服务部电话（门市）：010-83903257
警官读者俱乐部电话（网购、邮购）：010-83901775
公安图书分社电话：010-83905672

序 言

语言是人与人沟通的重要桥梁，在日常生活中人们往往通过语言来表达思想和感情。在商业活动中，常谓“话术是营销的智慧，语言是其制胜的关键”。培训者通过为企业营销人员设计、梳理科学合理的营销话术，让每位营销人员背诵并掌握，促使营销能力提升，以提高他们的业绩；在男女生微信聊天中，男生们常常想要学习一种聊天风格，提升自己的聊天技巧，让对方和自己处于一种较为舒适的聊天氛围和环境，从而提升自己在心怡女生心中的形象……可以说语言是一种艺术，甚至是一件产品。

但是，当前有许多不法分子通过语言开启犯罪的道路或是拓宽堕落的沟壑，随着电信技术的增长，让邪恶之心插上了互联网的“黑暗翅膀”。电信诈骗事件层出不穷，让虚假与伪善充斥在人们身边。精心设计的语言话术、语言技巧甚至是语言套路模式，让善良的人上当受骗遭受经济损失，让执法者费尽心力侦破案件，更让整个社会充满怀疑与不信任。

打击电信网络诈骗刻不容缓!

笔者通过分析近年来的电信诈骗案例和受骗者的受害过程，发现其中的起始原因无不是受到“致富广告”“听朋友介绍的很棒的投资项目”“爱人的甜言蜜语”等的诱惑才掉入这“美丽的陷阱”。网络时代，人与人的联系通过聊天软件和网络虽然变得更加密切，但同时又会产生疏远——远程社交、在线支付……这也为电信诈骗分子提供了可乘之机。犯罪分子如何通过语言使得被害者受骗进行转账汇款，这其中的语言套路就是本书研究的重点——发掘骗子的话术，明辨其背后的本质。

本书是侦查学和语言学交叉的产物，共三部分。第一部分第一章通过与话术相关的语言学知识，建构语言语态分析的基础知识点，为本书第二部分的实战话术研究提供语言学术基础；第二章对不同的语言特点和呈现场景（书本、短信、海报、社交软件……）进行分析，并对话术内部要素和情境进行拓展研究，确定电信诈骗话术研究逻辑框架和研究基础，为本书第二部分的实战话术提供研究方法基础。

第二部分着重对贷款、代办信用卡类诈骗，刷单返利类诈骗，冒充电商物流客服类诈骗，虚假购物、服务类诈骗，“杀猪盘”类诈骗，冒充角色类诈骗，虚假征信类诈骗，其他类诈骗等诈骗犯罪中的话术模式和“套路”进行分析，并结合公安实战部门的案例生动展示诈骗话术的“机巧”，深化对电信诈骗话术套路模式的理解。

第三部分着重提出几种常见电信诈骗案件的防范策略。

本书不仅可以让更多的老百姓警惕和防范电信网络诈骗，而且可以让办案民警发现诈骗者的规律，发掘案件的潜在特点。

编　者

2022 年 10 月于北京

目 录

第一部分 电信诈骗话术分析基础

第二部分 常见电信诈骗案件话术实战分析

第一部分

电信诈骗话术分析基础

第一章 话术分析的基础——语言学概述

本书分析的话术主要包括书面语（无声）、口语（有声）两种形式，要分析话术则必然牵涉语言学的相关知识。语言学是以语言为研究对象的一门独立学科。语言学的基本任务是研究语言的结构规律和演变规律，使人们懂得关于语言的理性知识，提高学习和运用语言的水平。语言学分为理论语言学和应用语言学两个领域。语言学不仅是一种思维工具也是重要的交际工具，它是具有社会功能的符号化系统。语言是由语音、词汇、语法构成的体系。

第一节 语言学基础理论简述

首先说明的是，本书所介绍的语言学的基础理论是针对话术研究并探讨其规律所做的必要的知识性学习。语言学基础理论内容丰富且深奥，本书只对与实战相对应的内容进行阐述，以便读者对于后面的分析部分产生共鸣。

施骗者从语言的实际操作层面，大量综合或是单一调用语音、语义、语法等内容，无形中使被害者落入精心编造的话语圈套中，多角度、全方位抵消并去除人们因为生活生产经验而产生的对陌生信息的质疑感和不信任感，达到诈骗目的。

以下笔者将从语言的四大要素——语音、语义、词汇、语法进行介绍。

一、语音

（一）语音的物理特性

语音是由声带振动或声腔里空气扰动引起的、以声波的方式进行传输的物理过程。具体包括音调、响度、音色三个要素。

1. 音调

音调又叫音高，指声音的高低。它决定于发音体振动的频率。频率是发音体每秒钟振动的次数。每秒钟振动一次为 1Hz，振动 100 次为 100Hz。频率快，声音就高；频率慢，声音就低。发音体振动频率的快慢又跟发音体粗细、厚薄、长短有关。粗、厚、长的物体振动起来频率慢，声音低；细、薄、短的物体振动起来频率快，声音高。

例如，不同的语调表达不同的含义和感情色彩。以常用的说话音调说出“王经理来了”就表现一种客观事实的阐述；高音调就表现出警示、强调，或者欲擒故纵的伪装性阐述；低沉的语调则容易表现出对于王经理的恐惧、害怕或者是预示着不祥的感受。

2. 响度

响度，指声音的强弱，也称作声音的强度。它取决于发音体振动的振幅。振幅是发音体振动的位移幅度。振幅大，声音就强；振幅小，声音就弱。振幅的大小又跟发音体受到的作用力有关。发音体受到的外力大，其振幅就大，声音就强；发音体受到的外力小，其振幅就小，声音就弱。我们说话时用力大，气流强，声音就强，反之则弱。

我们在生活中常见的“大嗓门”与“低声细语”就体现了响度的区别。强度大往往和激烈地争吵、激动的情绪有关；强度小往往和内向性格或者思索事情的状态有关。

3. 音色

音色又称“音质”。不同声音的音调、响度尽管可能相同，但是音色却一定不同。也就是我们生活中常说的“听声识人”。每个人的发音器官的构造和禀赋不同，因此大部分人的发音都有自己的特点。不同的声音的“音质”常常能够判断出诈骗分子的语音特点，也会作为判断人员信息、民警侦查的重要线索。

（二）语音的社会属性

语言是运用语言系统的各种单位表达意义的行为与行为的结果。语音实际上是语言发出时的语流和语调的变化与动态组合的过程。从语音表示意义的社会性来看，用什么声音跟表示什么意义没有必然的联系，而是随着社会的不同而不同，由全体社会成员约定俗成。同样的语音形式可用来表示不同的意义，同样一个意义又可以有多种语音形式。

语音的地域性直接导致了不同的语言或者方言有不同的语音系统。方言部分在后文会详细讲述。

二、语义

语义是具体语言的特定形式所表达的内容。相声演员大山的经典单口相声《胡不字》中的领导最后写的对联描述汉语和日语的区别的片段“同字不同意，同意不同字。字同意不同，意同字不同”形象地阐述了语义的奥妙。汉语本身的语义丰富多彩，比如“言内意外”——实际话语及其中的语句自身都是有字面意义的，这是“言内”，除了言内之义，有许多话语或语句还传达一些言内以外的意义，这种现象就是所谓的“意外”，即真正的意图在字面意义之外。但任何言外之意都是建立在言内之义的基础之上的，所以合称为“言内意外”。

我们研究语义的目的是通过语言工具认识说话人想要表达的意思，如果发出的意思和我们的理解不同，就产生了歧义，这在电信诈骗中的运用也较为常见。

歧义句在理解上会产生两种或两种以上可能，而且有些词汇容易令人产生误解，但在当时语境中只利用其中一种含义的句子，也就是所谓语言文字的意义不明确。在电信诈骗的话术分析中，歧义句往往容易成为当事人与诈骗分子理解关键语句上的差异点，也容易被诈骗者利用。歧义有人为故意的情况，如词义不明确、句法不固定、层次不分明、所指不明确、语气的使用等因素都能最终导致语义理解的错误。

三、词汇

（一）构词法

1. 语音构词

语音构词主要指由模拟自然的声音构词的方法，如汉语中的“哈哈”“嘿嘿”等。常见于我们的语气词或是开头话术的打招呼用语。

2. 语义构词

语义构词是指新词产生是由于旧词的语义滋生、分化，即由于词义的比喻、借代等方式产生的，或者是由于词义的联想而产生的。这是一种历时的造词方式，如汉语的“信”（诚实）引申为书信、信息；由“杜鹃（鸟名）”联想到“杜鹃（花名）”等。

3. 语法构词

（1）主谓式、偏正式、动宾式、并列式词汇；

（2）词根和前后缀；

（3）缩略构词：如英语中的“APEC（亚太经合组织）”“FBI（美国联邦调查局）”，汉语中的“人大”“亚太”等都是简缩词语。

（二）词的分类

根据词汇的使用频率，可分为常用词汇和非常用词汇；根据词汇使用的范围和群体，可分为专业词汇和非专业词汇；根据词汇使用的场合，可分为口语词汇和书面语词汇；根据词的语法功能可分为实词和虚词。

（三）网络词汇

在今天，网络的产生和发展同样给我们的语言带来了各式各样的新词语。我们把这些由于网络产生而出现或有了新发展的词语，即在网络这一特殊领域的词语汇集称为“网络词汇”。了解网络词汇背后的语言学规律对于认识网络电信环境中的沟通交流具有重要意义。

1. 网络词汇的分类

网络和网络文化的特点决定了“网络词汇”不仅包括与网络相关的词语，还包括在网络这样一个特殊空间使用的词语，因而，我们对“网络词汇”作了如下分类。

（1）与网络相关的技术性词语，如局域网、服务器、调制解调器、拨号上网、友情链接、超级链接 TCP/IP（网络协议）、防火墙（网络安全软件）、网络蚂蚁（下载软件）等。

（2）与网络相关的非技术性词语，指在网上通用的特殊词语。网络流行语这种语言形式在互联网媒介的传播中有了极快的发展。网络语言越来越成为人们网络生活中必不可少的一部分。它是一种有别于传统媒介的语言形式。比如，“碉堡了”“耗子尾汁”“爷青回”等。

2. 网络词汇的来源

随着新事物的出现，网络空间中出现大量的新词语以满足应用的需要，网络通过各种方式找到了它所需要的词语。网络流行语的诞生使得社交产生了趣味性，方便传输和存储，成为当前社交聊天的主要语素。同时也使得网络流行语的使用习惯与使用者年龄产生了较强的捆绑性。具体的表情包内容详见后面的“话术内部要素研究”。

（1）数字型。例如，996（每天早上九点上班到晚上九点下班，一周上六天班）、886（拜拜喽）等。

（2）字母型。例如，good good study，day day up（好好学习，天天向上）。

（3）缩略或扩张型。例如，Tql（太强了）。

（4）表情符号。例如，（一▽一）（开心）；（´︵`）（难过）；（>ω<＊）（可爱）。

（5）表情包。例如，（得意）。

四、语法

语法主要研究语言单位（词位、词组、句子）的结构及其特点。

（一）语法手段

主要和汉语有关的语法手段有：

1. 词序

词序是词在词组或句子中的线性排列顺序，利用词在词组、句子中的排列顺序可以表达一定的语法意义，如主语、谓语、宾语、定语、状语、补语。

2. 辅助词

辅助词，汉语的辅助词一般包括介词（前置词）、连词、助词、语气词等，英语有前置词、连词、冠词等。

（二）句法关系与句法结构

1. 主谓结构（表述关系）

表述关系也称为“主谓关系”。组成句法结构的两个成分，一个是被表述的成分（主语），另一个是表述的成分（谓语）。这种句法结构称为“主谓结构”，例如“我是……”

2. 偏正结构（修饰关系）

修饰关系也称为“偏正关系”，是词组中修饰成分和被修饰成分之间的关系。汉语中体现修饰关系的偏正词组，一般是修饰语在前，被修饰语在后，如“鲜艳的五星红旗”“大胆地往前走”。这种关系在各种不同的英语词组中，有不同的表现：在名词性词组中，可以是形容词修饰名词；在动词性词组中可以是副词修饰动词。

3. 动宾结构

动宾结构是动词性词组中两个成分之间支配与被支配、关涉与被关涉的关系。宾语通常表示受动作支配的事物，因此只有表示动作意义的及物动词才能带宾语，如“打乒乓球”“了解情况”等都是述宾同组（述宾结构）。

4. 补充结构

补充结构是谓词性词组中谓词性成分与补充性成分之间的关系。汉语中的补充结构也称为“述补结构”，如“跑得快”“洗不干净”“住在家里”“漂亮极了”等（类似英语语法中的表语），补语可以是形容词或形容词性成分，也可以是名词或名词性成分。

5. 并列结构（并列关系）

并列结构是句子或词组中两个或两个以上在语法上处于平等地位的成分之间的关系。

（三）句子成分分析法

句法分析是对句法结构（词组、句子）所进行的分析，通常是先把一个句子分成主语部分和谓语部分；然后找出各自的中心词，即主语和谓语（主要成分）；再确定中心词的附加成分（从属于主要成分的次要成分），即宾语、定语、状语、补语等。如

“（犯罪嫌疑人）李某［在2021年10月］［通过社交网站］进行（网络投资虚假宣传）诈骗”。

也可以采用图解的方式表示：

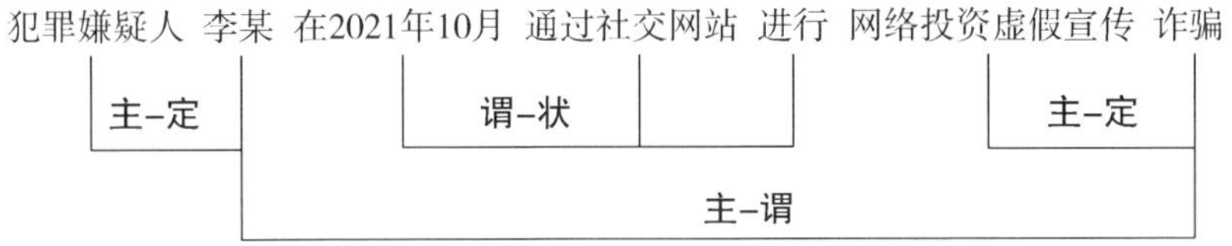

（四）语病

语病是语法环节出现错误的现象。俗话说“言多必失”，认真分析诈骗分子的话语，无论是线上的痕迹，还是线下谈话过程中的语言、微表情、动作等的细节变化，总能发现破绽。通常来说，语病的范围很广，包括语音、词汇、语法、语用各方面的失误，语法错误指的是句子中出现的不合语法规则的现象，又可分为词法错误和句法错误。语法错误既有可能是无意之举，也有可能是故意为之，以达到混淆视听的目的。

第二节 语言学分支与融合：交叉语言学科分述

一、社会语言学

（一）词汇的社会化演化

社会语言学侧重于对词汇或者句子的含义从历史的时间角度

进行剖析。例如随着社会经济的发展和变化，一些词汇或句法所依赖的底层基础在发生变化，导致词汇或者句法的含义发生了变化。

社会语言学常常研究词汇或者句子含义发生变化的决定性因素与其他影响性因素。首先是分析其中演变过程的客观性，即结合时间线全流程地进行研究；其次是发掘演变的特点，是否存在多样性和阶段性，变化之间是否存在渐进性、并存性或者出现冲突的状态，如现阶段，“民工”“农民工”“进城务工人员”“新市民”“城市建设者”“农业转移人口”“外来务工人员”等指向同一群体。这当中，意义基本相同的“民工”和“农民工”，构成一种此消彼长的关系。另外研究的内容还包括贬义、褒义等，也就是将文字内涵演变的过程融入社会发展和变化的进程之中，从历史的客观角度去分析其中的变化因素。

语言随着社会的发展而发展，其中的专业术语、社会方言等是重要的研究对象：

（1）专业术语：专业术语是学科意义上的专有名词以及实践中的行业行话、黑话等内容的集合。例如，财务用语、吸食毒品人员的毒品“黑话”、传销团伙的“行话”等。

（2）社会方言：社会方言是地方特色的一种标志，是因历史、地理原因产生的文化语调和含义的文化宝库（“黑话”是一种特殊的社会方言）。社会方言的差异在语音、词汇、语法等方面都可以出现，但引人注目的还是一部分用词的不同。也有研究表明，人们平常说的“官腔”“干部腔”“学生腔”“娃娃腔”等的“腔”，都是对某一言语社团在语言表达上进行一些共同特点的概括，他们认为这种“腔”也是一种社会方言。

（二）社会化身份的语言行为

在诈骗事件中，虚拟身份决定了话语实践，同时，虚拟身份的选择也顺应了当前的物理世界、社交世界和心理世界。物理世界即交际双方在物理空间中所处的位置。诈骗人依赖网络、电信这些通信设备可以进行远距离交际，空间距离越大，虚假身份越容易伪装。社交世界包括社会场景和公共制度，它们给某些类型言语行为的实施方式或哪些人有权实施这些行为规定了多种多样的原则和规则。诈骗者出于不良动机顺应特定身份与言语行为相对应的社会规则。例如，“专家”和“教授”等身份代表着受过高等教育的知识分子，他们拥有更渊博的知识。再如，“公检法国家工作人员”等身份，代表着他们更具有权威性，使人信服。

实施欺诈行为的关键在于歪曲、虚构事实和隐瞒事实真相。在诈骗案件中，虚假话语的成功交际与诈骗人的身份密不可分。为了使被骗人更相信谎言，诈骗人需要虚构符合语境的身份以促使虚假话语的顺利实施。有作者①认为身份具有双重性，既包含个人恒定不变的内核，如种族、性别等，又会通过言语活动，随着语境而变化。身份分为四种：基本身份、交互身份、个性身份和关系身份。基本身份具有相对稳定的特征，不会随着语境的变换轻易改变；交互身份是在交际过程中相对于他人所扮演的角色；个性身份指个人的性格和态度；关系身份则是指在具体交际语境中与他人的关系，合作时是友好关系，竞争时就变成了敌对

---

① 孙子棋．语用学视角下诈骗案虚假身份及话语研究［J］．现代交际，2016.

关系。这四种身份或并存或交替，或在谈话过程中通过语言建立并得到凸显。一个人用来交谈的身份会影响该说话人的交际方式，同时一个人选择的话语实践也会“定型”其相应的身份。诈骗人虚假身份的构建凸显了交互身份和关系身份。在身份分类的基础上，提出了话语实践与身份之间的联系。他认为身份和话语实践具有交互关系。

二、心理语言学

心理语言学的研究对象是语言结构是否符合人们在心理上处理语言的实际过程。研究的三大主题是语言产生、语言习得和语言理解，而语言理解是探寻下文话术内容分析的重要语言学理论基础。在心理语言学中，不仅需要研究语音、句法和词汇的知识，而且还需要研究理性知识和信念系统，前者指说话人必须对他所生活和谈论的世界有所了解，后者指说话人用以评估他所听到的东西。诈骗话术是通过有迹可循的语音、句法和词汇产生作用的。从受骗者角度，评估自身理性知识与信念系统，是理解诈骗者所讲内容最终成为其自身行为指引过程的心理转变的重要途径。从认知心理出发，探寻信息的传递、感知和理解的一系列过程能够更好地帮助我们探索电信诈骗话术的规律。

三、计算语言学

计算语言学是运用计算机研究和处理自然语言的一门新兴交叉学科。根据北京大学计算语言学教育部重点实验室对于计算语言学的介绍与定义，该学科的研究目标是充分利用计算机科学和语言学等多学科交叉融合的优势，面向国际学术前沿、国民经济建设主战场与国家重大战略需求，建立以中文为核心的自然语言理解的理论与方法体系。具体是充分利用语言学、计算机科学、认知科学等多学科融合的优势，构建语言理解的多元认知理论基础；通过结构化学习、深度学习、文本挖掘算法，将深度学习与复杂结构建模相结合，提升语言深度理解的效果。基于此，计算语言学的解构分析对于未来话术的结构化分析起到重要的技术指引作用。

四、统计语言学

统计语言学是应用统计数学的方法来研究语言现象的语言学科。例如，通过分析语言单位的出现频率及作家的用词频率、词长分布和句长分布，确定作家的写作风格。从其功能看，统计语言学可分为描述统计与推断统计。描述统计的作用是对数据进行整理、归纳和总结，压缩数据，把握其一般性的特征和全貌；推断统计则是根据描述统计提供的结果，进一步对关联关系加以推断。也有将语言的语素（要素）作为统计量进行数理统计，进行预测性假设分析等。

五、模糊语言学

个人对语言的理解存在差异是研究模糊语言学的前提。个体认知能力差异导致学习能力的差异性，因此，对于同一件事情进行描述时，不同的人会基于自身的学习基础与社会化经历产生不同的理解。同时语言本身的歧义性、方言环境差异、语境等因素也会导致模糊语言的结果。

六、交叉语言学与电信诈骗话术分析

交叉语言学是专业学科研究视角下的语言学，而电信诈骗由于其成员多样、诈骗对象覆盖面广、诈骗手段丰富狡猾，导致我们需要通过交叉学科的思维去审视该现象。电信诈骗不是一种单一的社会现象或者绝对的违法犯罪行为，只有将其与社会背景分析、事件案件当事人双方心理波动、信息计算、统计规律、理解能力差异性比较相结合，才能发挥其优势作用，体现出学科特色优势的互补交融。

第二章 电信诈骗话术研究基础

本章分为三个方面。第一，是宏观层面的侦查策略问题。进行话术研究的侦查策略模型应从属于大侦查措施的内容板块，与侦查策略措施属于一般与个别的关系，符合相应的侦查规律。第二，探讨完策略问题，需要对于话术双方的交流过程进行研究。电信诈骗是诈骗者和受骗者之间通过中间介质进行信息交换的过程，会话双方根据语言传递信息，把或严肃、或热络、或威胁的情绪氛围通过说话语气传递出来。因此需要对话术的内外围（内，指话语本身内部结合语言学的要素；外，指整体环境、主客体等）进行分析。第三，是对于重点情形的话术表现形式的研究。本章作为中观层，对于第一章基础理论（宏观层）和本书第二部分的具体案件分析（微观层）起到承上启下的作用。

第一节 话术研究策略模型

话术研究需要对现实案例的材料背景、受骗者陈述、犯罪嫌疑人相关犯罪证据等实践活动进行分析。而在侦查过程中需要通过一定的富有规律的操作方式进行。笔者根据侦查措施手段，结合电信诈骗自身特点提出七点策略实践模型（图1）。

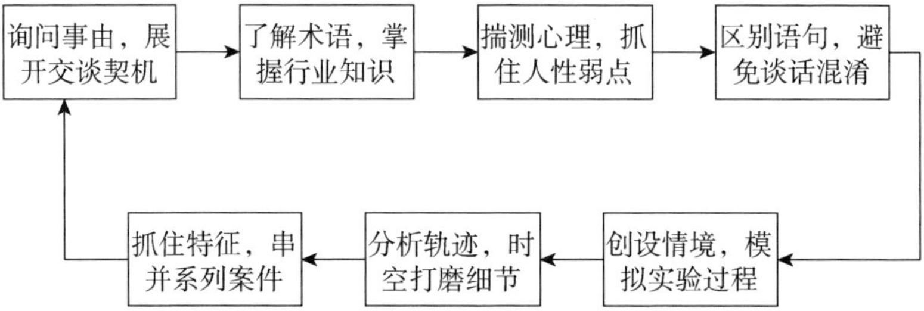

图1　话术分析策略模型

一、询问事由，展开交谈契机

有时候仅仅依靠单纯的截图或是聊天记录是没办法分析诈骗过程的，还需要倾听当事人的阐述并对其进行心理分析，而这就需要言语上的沟通，与受骗者关于被骗缘由、背景、诈骗者如何诱骗等内容进行进一步的交流。询问过程要注意方式方法，避免受骗者情绪激动，要稳住其心理，设身处地与其进行交谈，打开交流的窗口，从交谈中发现蛛丝马迹。

二、了解术语，掌握行业知识

深入专业领域，掌握行业专业名词框架，搭建思维导图。办案民警要经常性地学习新名词和新术语，根据办案的需要了解新动向，以便为后续的专业性（法律、财会、投资等）方面的话术展开较为专业的分析。比如，关于投资诈骗类电信诈骗案，需要民警了解经济投资、股票市场、债券交易等相关专业内容。

三、揣测心理，抓住人性弱点

在与受骗者进行接触的时候，需要观察其表现、听取其言语、揣摩其心理。表现行为，如表情变化、动作指示、下意识行为、言语等，不仅仅是一种社会行为，更是一种心理行为。通过对其行为的规律性表现发掘其背后的心理反应与思想变化，找到诈骗的关键心理突破口，达到预防与侦查的目的。

四、区别语句，避免谈话混淆

通过对被询问人语句的分析进行不同句子类型的区分，比如陈述句、疑问句、反问句、假设句等，同时从中发现此人的口才表现如何，是“妙语连珠”“巧舌如簧”的人，还是“语句笨拙”的人。

五、创设情境，模拟实验过程

本书分析的话术包括书面语（无声）以及口语（有声）两种形式。书面语是用文字写成的，但书面语不是文字问题，而是语言问题。文字出现以前，语言是只有凭口、耳进行交际的口头形式，即所谓口语。有了文字以后才有书面语。书面语一般是在口语的基础上形成，使听说的语言符号系统地变成“看”的语言符号。口语是听的，书面语是看的。

听和说连在一起，要求快，因而说话随想随说，甚至不假思索，脱口而出。看和写连在一起，可以从容推敲，仔细琢磨。这就给口语和书面语带来一些不同的特点，使两者不可能完全一致。说话的时候，除了连词成句，还有整句话高低快慢的变化、各种特殊的语调、身势等伴随的动作以及说话的情景，这些是与我们在面对不同的场景情景下，观察聊天记录与接打电话、观看视频的不同所在。

六、分析轨迹，时空打磨细节

时间空间轨迹是任何案件所依赖的条件环境，在排除非法篡改电子证据信息时间与定位的前提下，对于发送聊天记录、接打电话通话记录等的时间空间进行分析，可以得出相应的变化趋势。同时往往在不同时间与地点的节点，话术的阐述方式、开题模式、递进层级会发生微妙的变化，这也是发现蛛丝马迹的方法之一。

七、抓住特征，串并系列案件

电信诈骗多发，其中肯定有规律可循，在诈骗者的施诈手段中肯定具备类型相似、套路相似、说话语气相似等情况。我们可以按照串并案件的方式合并同类项，对于同伙人作案的可能情况进行摸排侦查。

第二节　话术外围研究

一、人员背景分析

人员背景既包括诈骗者背景，也包括受骗者背景。个人隐私的泄露是诈骗者屡屡得手的重要原因。诈骗者往往通过准确说出受骗者姓名、关系人、住址等信息博取信任。比如，从话术中发现受骗者的处境。“最近了解到您在咨询有关社保的信息”，这说明诈骗者知道受骗者的社保需求较多，且经济能力可能处于较为紧张的时期。

二、时空分析

诈骗者在话术阐述的过程中，会很注意时间节点的把握。比如，在承诺的时候，诈骗者为了让被害者上钩，常常会将完成时间或者预计时间说明得很清楚，如会在短时间内向受骗者发放贷款、短时间内受骗者将被逮捕、受骗者的亲朋好友最近正在做哪些项目等。再如，在对话的真空期（聊天间隔），诈骗者可分析受骗者行动轨迹的变化或者转账流水的情况变化。

三、心理分析

（一）冒充型诈骗类心理分析

冒充亲人、朋友、领导同事、合作伙伴类是利用人们对熟人戒备度低的心理弱点；冒充公安局、税务局等国家机关类是利用人们对国家机关的信任度较高的心理特点；冒充企事业单位类是利用人们“趋利”的心理；冒充黑社会等带有威胁、恫吓性质的人员或团体类是利用人们的“避害”心理；其他类则比较混杂，总体上也是利用人们的“趋利”心理。诈骗电话不仅仅是一段无意义对话，它是施骗者调用各种因子，过度消费人们面对感性内容时易丧失分辨力的这种特性，消解着社会的人情味，冲淡了社会的感情化，使人与人之间的不信任感和相互猜疑猜忌感增强加深。

（二）微表情与动作细节心理分析

该部分是在视频聊天或是远程能够看到双方面孔的情况下探讨的。

微表情是心理学名词。人们通过做一些表情把内心感受表达给对方看，在人们做的不同表情之间，或是某个表情里，脸部会“泄露”出其他的信息。“微表情”最短可持续 1/25 秒，虽然一个下意识的表情可能只持续一瞬间，但这是一种烦人的特性，很容易暴露情绪。当面部在做某个表情时，这些持续时间极短的表情会突然一闪而过，而且有时表达相反的情绪。

微表情往往都在一瞬间出现，很可能在下一秒就会恢复到原有的伪装状态。公安民警要善于捕捉瞬间的表情（眼神、额头皱纹、笑容等)。例如，人们高兴时的面部动作包括嘴角翘起，面颊上抬起皱纹，眼睑收缩，眼睛尾部会形成“鱼尾纹”。伤心时面部特征包括眯眼，眉毛收紧，嘴角下拉，下巴抬起或收紧。害怕时，嘴巴和眼睛张开，眉毛上扬，鼻孔张大。愤怒时眉毛下垂，前额紧皱，眼睑和嘴唇紧张。厌恶时的表情包括嗤鼻，上嘴唇上抬，眉毛下垂，眯眼。因此在询问受骗者或者讯问诈骗者的时候要善于结合其说话内容并观察微表情状态，判断其真实含义。

另外是动作细节分析，这里的动作是指除了表情动作之外的细节动作，或者说是“微动作”表现。例如单肩抖动表示不自信、抬起下巴表示尴尬、揉鼻子表示掩饰真相等。

四、媒介分析

（一）线下媒介

与诈骗者线下见面有可能成为与骗子团伙演技的较量，如果受骗者增强了防骗能力更会成为识破骗术的最终场所。比如，骗子会通过豪车、名包、大额现金作为诱惑进行诈骗，而识破骗局则常见于“网恋奔现”等场景，通过线下见面能够看到诈骗分子的真实面目。

另外，线下场景可能是在所谓的公司或是其他场所地点，这时就要将场所特点、双方对话的内容与其身份进行对应，并结合生活经验进行辨识。

线下银行转账汇款也多为互动的方式，这时受骗者可能会被对方的一些反侦查手段所迷惑，比如故意向银行柜员或者民警透露虚假消息或者不说重要信息。

（二）线上媒介

线上成为电信诈骗的主要媒介，也是给侦查工作带来难度的原因之一。不仅账号身份、所属区段、IP 位置、基站信息、图片视频等都有可能造假，而且网上的快速转账、电子银行等又为人民群众的财产损失赋予了“加速度”，因此线上媒介需要重点关注，这是话术分析的重点。

第三节　话术内部要素研究

话术内部要素分析是结合语言学的词汇、语法、语音、语义的基础知识进行的分析。

一、词汇分析

(一) 专业术语

专业术语是行业形成约定俗成或是有明确规范的相关词汇，一般以缩写或是全称的方式展示。

例如，投资类术语：开盘价、收盘价、最高/最低价、多头/空头、套牢、趋势、压力线、支撑线、突破/跌破、反转、回挡、探底、底部/头部、高价区/低价区、买盘强劲/卖压沉重、超买/超卖、牛市/熊市、抢帽子、坐轿子、抬轿子、利多/利空、洗盘等。

另外，笔者推荐感兴趣的读者可以访问中国知网学术规范名词数据库，它是全国科学技术名词审定委员会公布的具有权威性和约束力的名词的数据库，包含基础科学、工程技术、医学、农林、社会科学，读者如有需要可登录网址查询官方网站：http://shuyu.cnki.net/。

(二) 暗语分析

暗语常常是黑灰色产业为了逃避打击而约定俗成的一些词语

和表达技巧，常用特征、谐音等指代。下面的例子来源于真实案例①：

暗语一："要水的找我，市内可以当面交易，也可以快递，微信号……"这里的"水"指的是"止咳水"。

暗语二："七分600处理""你着急吗""我这里现在有我俩玩的，一起不好吗"，"七分"指克数，"玩的"指的是毒品。另外冰毒又叫猪肉、嘎嘎、牙签、象牙棒、钻石、奶茶、大力丸等，而吸冰毒则多用溜冰、泡泡、打呼噜、烧开水、煲猪肉等暗语；海洛因的暗语多为本科、四号、海海、海白菜、小海等；吸K粉的暗语有嗨、打K、裤子等；麻古暗语称为小马、马儿、籽籽、果子等。

（三）脏话分析

如果是拼音或者字母缩写，常见于网络用语，可判断为年轻人群体；长句且程度较轻的可以判断为素质比较高的；英文脏话一般表现出性格较为乖张且追求不同的心理。

（四）拼音分析

拼音分析是汉语拼写话术传递过程中特有的，往往存在隐瞒真实意思、避开检索、逃避侦查的目的。主要有以下表现：

一是辅助暗语表述。正如暗语分析部分中所讲的"打K"（售卖毒品）、"V号"（添加微信号）、"一ye"（"特殊"服务）等，诈骗分子会识别平台或者网信部门对于敏感字词的发现，因

① 海口禁毒．这些暗语可能与毒品有关！．https：//www.sohu.com/a/168339855_480155，访问时间：2017年8月30日。

此将关键的名词（专有名词）较多地进行拼音指代，这也是一种逃避侦查的方式。

二是账密等关键信息指代。通常是诈骗分子或者被骗者的姓名、公司等信息的缩写，而且根据设置习惯，自己的密码通常使用姓名缩写+电话号码的形式，因此在话术中一旦发现拼音字母，就可以对其进行识别分析。

（五）表情包

现今年轻人聊天可以不发任何文字，全程发布表情包进行基本的对话。以搜狗输入法手机端为例，在手机对话框中输入“哈哈”两个字，配合搜狗输入法进行表情包搜索，则手机上会呈现一系列代表“哈哈”的表情包。

（六）谐音梗

“谐音梗”是看似错别字实则表示第二层甚至是多层的含义的词。谐音梗在电信诈骗话术中使用较少，故了解即可。例如，2020 年抗疫精神中出现的“疫不容辞”（释义：在疫情面前，医务工作者等各行业的英雄们，毫不推辞，逆行而上的伟大精神）；“罩摇过市”（释义：戴口罩的人才能出入超市等公共场所）。

二、语句分析

在这里主要分析欺诈性语句。欺诈性语句是指在交流信息的过程中，对关键的信息如作出的承诺、应提供的服务、应承担的职责、应享有的权益等采取仅停留在口语的、模糊的状态，而非形成书面文字材料的一种信息处理方法，是经济活动中消费者常遇见的一种经济语言现象。它具有以下两个特征。

（一）特定的时限性

所谓特定的时限性是指将消费者所获得的福利待遇限制在特定的时间节点上。例如，很多打折消费卡虽然实行优惠了，但必须在规定的时间、用规定的金额消费等。不少大商场的促销是“满 100 返 50”或者“满 200 返 100”，但是对返券限定时间使用，很多顾客因为在短期内挑选不出满意的商品而将返券白白浪费掉。再如，在刷单诈骗中，所谓条件的隐蔽性或者苛刻性导致最终接单人无法变现。

（二）诱惑性

所谓诱惑性是指对易引起人们兴趣的经济效益和价值作十分详细的介绍，而对其他内容尤其是弊端信息则闭口不谈，待诱使人们进入实质性阶段时再将附加条件予以说明或者干脆不说。例如，“挥泪”大甩卖，就是利用消费者“图便宜”的心理，误导消费者跳入“特价”陷阱。

三、标点符号分析

标点符号不仅是语法的重要组成部分，还是语气分析的切入口以及心理状态的暗示点。下面举例说明：句号表示一句话的完结。见到句号，需要的是一般的、平淡的语气。问号表达疑问、揣测等语气。放在句末，声音的音调可以提高表示反问语气。省略号表示说话断续，以及伤心、惭愧、迟疑的语气，现在多表现为对于对方的“无语”的无奈和尴尬。感叹号表示强烈的感情以及声音和语气的加强。

另外，多样的组合使用也在近年来出现：“?!”——惊奇，出乎意料惊讶的同时保有好奇的心理；“!!!!!!”——非常的惊讶，多个感叹表示更加的强烈；“。。。”——无语，不知道该说什么了。

四、语气分析

语气是语句的色彩，是对方要表达的灵魂。由于有些人常常存在说“反话”的情况，所以语气分析也是在听声的过程中要注意的。当然通过一些语气词、表情包、标点符号也能不经意间感受到对方说话的语气。

这些方面的变化，既是语言发出时能够驾驭的，又是语言发出后可以从听感上辨别出来的。结合上文谈到的语音的物理效果，在气息方面，可有气息位置深浅的不同，气息量多少的差别，送气速度快慢的区分；在声音方面，有高低、强弱、快慢及音色的精细变化；在口腔状态方面，每一个特定的音位都可以有口腔开度大小、控制松紧、舌位前后高低的变化。这些变化因素在一句话的句头、句中、句尾流露出变化的趋向，曲折多样的语势往往成为丰富的思想感情的载体。

重点我们来谈线下的语气。

线下的语气无法通过表情包、语法、词汇的精心编排达到效果。不过也存在经过反复的练习达到口才表达能力提高的情况。线下的情形仍然存在线上无法比拟的效果，那就是——现场感。何为现场感呢？就是身临其“境”，能够体验场景变化、语气氛围的渲染，比如一些传销场合，为什么能够让受骗者趋之若鹜，就是现场的感受，它通过舞台的搭建、服务的贴心、口才的表述来诱惑受骗者。

下面我们来谈句式所表达出的语气。首先是排比。排比表示强调。一般是一句比一句激昂，声调一句比一句高。排比是运用三个或三个以上结构相同或相似，意思相关，语气一致的句子或词组排成一串。比如，"父爱是无声的溪流，永远那么含蓄；父爱是巍峨的大山，永远那么崇高；父爱是温暖的阳光，永远那么无私"。这个句子就是一个排比句。排比句需要满足四个条件：(1) 三个或三个以上的句子；(2) 结构相同或相似；(3) 意思要相关；(4) 语气要一致。在刚才的例句中就有三个句子，并且这三个句子的结构一样，用了同样的语气讲"父爱"。其次是反问，反问表示质疑语气。如果在反问句中再加上排比，那么拷问、质问的语气就会更强！尤其是在电信诈骗的过程中，一种情形是诈骗分子会以此话术进行所谓"灵魂的拷问"，直击受骗者的心灵；另一种是冒充政府职能部门人员并借用此话术进行权威性诱骗，提升威严，从而达到危言耸听的目的。

第四节 话术情境研究

话术情境是综合使用了上文所讲的基础理论，综合适用于几种典型情形下的。从语用学的角度看，诈骗者在犯罪过程中分别使用了言内行为和言外行为作为实施敲诈的手段，以达到让受骗者作出言后行为的效果，即取得受骗者的信任从而骗得非法财物。诈骗者在身份的选择上顺应了物理世界、社交世界和心理世界。

一、方言

地域方言是语言的地域风格化产物，也是历史人文自然繁多因素调整的结果。地域方言普遍在所在地理区域或者方言持有区域拥有自己特有的语音、语义、词汇、语法系统。我国由于历史地理原因，存在大量的地域方言，这也形成了我国特有的文化符号。

根据教育部2019年《中国语言文字概况》介绍，汉语通常分为十大方言，即官话方言、晋方言、吴方言、徽方言、闽方言、粤方言、客家方言、赣方言、湘方言、平话土话。

全国推行的普通话，就是在“北京官话”的基础上发展起来的。官话方言内部一致性较强，它的分布地域最广。官话语言与现代汉民族共同语普通话的词汇大同小异，没能被吸收进入基本共同语的官话方言词大都只流行于官话方言片或方言小片。我们经常说的“土话”就是其中的内容。

除了官话方言，其他的方言种类地域性较强，在普通话的基础上语音语调的变化较大，但是也具有较强的方言特点。

方言区域内部具有全民性和普适性，是该区域内人们所使用的交际工具和思维工具。方言里隐藏的语言智慧，是和该方言地区的人文环境相得益彰的。同时，方言的特点能够影响的范围有很多，在调查过程中主要有以下影响：

（1）影响普通话的发音，例如北方人的普通话较为标准，而南方人的矫正较为困难，也就是我们常说的带有“南方口音”。

（2）影响语法，比如陕西关中方言常常把程度副词放于语句的后端：“你惹人生气得很”，其中“得很”是表示程度较高的意思，而正常应为“你很惹人生气”。

（3）影响语音，河南方言多一声，陕西方言多四声，北京方言多儿化音。

二、社交媒体动态与个人界面

中国互联网络信息中心（CNNIC）在京发布的第48次《中国互联网络发展状况统计报告》显示，截至2021年6月，我国网民规模达10.11亿，较2020年12月增长2175万，互联网普及率达到71.6%[①]。截至2020年3月，以微信为代表的社交媒体平台合并月活跃账户数超过12亿[②]。社交媒体给人们带来便利的同时也为电信诈骗进行信息传递与宣传提供了帮助。社交媒体以个人账户为单位，以动态发布与信息发送为主要功能，个人动态与个人账号信息内容成为了个体在网络社交角色的基本“映射”，同样也是电信网络诈骗话术风格的线上延伸与扩展。对于网络社交媒体个人动态发布行为、个人账户个性化内容分析并做话术相关性研究，有利于透过字里行间探析诈骗者与受骗者的主观心理变化，对其进行行为研究、传播特点研究、广告营销研究、自我呈现研究，从而进一步挖掘话术规律与诈骗的实

① 转引自中国互联网络信息中心，http：//cnnic.cn/gywm/xwzx/rdxw/20172017_7086/202202/t20220225_71725.htm，访问时间：2022年3月8日。

② 转引自腾讯官方，https：//www.tencent.com/zh-cn/business.html#business-con-1，访问时间：2022年3月8日。

现方式。

在进行挖掘话术规律与诈骗的实现方式之前先介绍与其相关的两个理论。一是“镜中我理论”。“镜中我理论”是美国社会学家查尔斯·霍顿·库利在他的 1902 年出版的《人类本性与社会秩序》一书中提出的理论。该理论主要内容为个体了解自身是通过个人实在的自我认知与他人的社会互动形成的。新媒体时代，他人在社交应用媒介对自己的“反馈”（正向反馈、负向反馈）对于存在稳定自身认知的个体影响巨大。尤其是微信朋友圈中的好友点赞、评论等互动功能都对动态发布者的自我认知、自我概念的形成和发展有着重要的影响①。二是“拟剧理论”。戈夫曼在《日常生活的自我呈现中》提出“拟剧理论”，即将个体在社交环境中模拟为在舞台的表演过程，个体更倾向于将自己最好的一面展示给观众，即使是在面对最亲近的人时，也想给对方留下最好的印象。他将这个表演的舞台划分为前台和后台。较前台而言，后台的行为较多地为个体本身的形态与思想行为表现，是脱离社交状态的自身，而在前台个体会考虑社会性的多方面因素，如自身的人设、角色定位、他人对自身的评价、个体在群体中的定位与影响状态等。社交媒体技术的发展为个体展示自我提供了更为便捷的“前台”。越来越多的人通过微信朋友圈等社交媒体进行自我呈现与自我身份建构，为他人了解自己提供渠道，但同时此种网络“前台”的状态是否为一种短暂且可被替换性极强的满足感还有待考究。

---

① 黎曦子．大学生微信朋友圈中的“晒”行为与主观幸福感的关系研究［D］．重庆：西南大学，2021.

国内学者研究发现，动态发布行为的各个维度均对身份认同与社会支持有正向预测作用，同时身份认同与社会支持对发布者主观幸福感有显著的正向预测作用。

1. 动态内容分析——以微信朋友圈为例

从发布内容上看，可大致分为日志类与非日志类。日志类通常指用户的原创性内容，包括个人对日常生活的记录，晒晒美食美景、节假日聚餐、朋友恋人、人文趣事、心情观点等。非日志类通常是以转发分享链接的形式来“晒”，一般包括热点事件、心灵鸡汤、娱乐八卦、音乐视频、文学作品，等等。从发布频率上看，往往发布间隔较短，保持更新的状态，一般七天之内会有更新。

根据不同的诈骗类型，诈骗分子常会在动态部分设置自己的相关业务或者是人设需求的内容。

2. 动态内容权限设置

对于朋友圈的三天可见的设置，一般有以下几种情况：第一种缺乏安全感，害怕朋友圈泄露太多自己私人的信息；第二种就是掩盖自己所谓的尴尬的“黑历史”，是现在的自己无法理解当时自己的行为心理的外在表现；第三种就是欲擒故纵，这一类人看似显示三天朋友圈是为了低调不引人注意，实则是内心想博取更多朋友的关注，从而寻找存在感。

诈骗分子因为需要“钓鱼上钩”，更多的是完全展示其自身动态内容，以为其人设作铺垫。

3. 个人账户个性化信息分析

个性签名与头像是此类信息最重要的两个要点。作为区分众多用户的一种功能，是平台对设立账号的一个要求，也是网络个体的一种权利。近年来也不乏把社交媒体中的头像、个性签名作为视觉符号研究的学者，有人将它视作个体身份在虚拟世界中的面具，是一种标识特定对象的必要的形式，背后隐藏的是个体自我表达的自主选择权利①。

（1）个性签名。个性签名成为别人快速对你进行定位的渠道之一。很多诈骗分子会在个性签名处设有：快速定位，比如自己是销售某个产品或者投资理财的；看似脱敏实则敏感的字符，如“+ Q：8 62 932 4 一夜”是指添加QQ号码8629324××之后进行“特殊”交易。

（2）头像分析。

①用未刻意选择的生活照作头像。这类人可能对自己的接纳度比较高，对外貌也比较有自信，在网络世界和现实世界中差别不大。②用证件照作头像。这类人可能为人中规中矩，微商、保险、律师等行业要求使用工作照，同时该微信应该是他的工作微信而不是生活微信。③用自己PS过的照片、艺术照、自拍照、卖萌照作头像。这类人往往有较强的自我中心倾向，其实自我的外表透露出自卑的内心，不太能接受真实的自己，虚荣心较强，自我感很强。其实很想被人认出来，用伪艺术的形式来遮掩内心的真正渴望。④用童年照片作头像。这类人总觉得过去的事物比现在美好，容易伤感，不易改变，巨蟹座偏多。⑤用家人的照片作头像。这类人自我感很薄弱，有很强的依赖性，缺乏安全感，

① 杨梦琳. 移动互联网社交与突发公共卫生事件科普——新冠肺炎疫情期间“微信头像戴口罩”现象探究［J］. 科普研究，2020（15）.

内心深处不愿长大，渴求庇护。⑥用男女朋友的照片作头像。一般是情人，表明当前的情侣关系占据生活的重要地位。⑦用儿女照片作头像。如果用小 Baby 的照片，大多是初为人母，可以推断出为“80 后”“90 后”。⑧用俊男美女照片作头像。这种人的心理年龄普遍偏小，情绪容易大起大落，可能是追星族。⑨用伟人照片作头像。这类人倾慕伟人，把伟人作为自己崇拜的精神力量，他们一般比较有正气，性格中带有坚强的韧劲。⑩用动物作头像。这类人通常都是“乐活派”，他们喜欢慵懒的生活节奏，不喜欢为某件事过多地操心，喜欢享受美食和养生保健，能发现生活中最真挚的快乐。有一定的自我倾向，女性使用动物的偏多。⑪用风景美图作头像。这种人通常为人比较成熟，推断年龄为“80 后”以前的群体，父母、亲戚朋友的使用率高于年轻人，当然也有较为“佛系”的年轻人故意使用。⑫用卡通、动漫图片作头像。他们希望自己能保持一颗纯真的心，讨厌生活变复杂，是比较理想主义的人，且该角色也是其个性的真实反映。⑬用搞笑图片作头像。这类人较有幽默感。⑭没有头像。这类人可能比较害怕别人窥察到自己的学习、工作与生活动态。

三、海报图纸

海报图纸常用作引导消费的平面广告，如购物指南、房产广告、商品信息等。广告对象接收广告信息后产生反应，而广告传播者可以根据反馈来检验广告宣传的效果，并根据反馈的信息来调整改进自己的广告活动，这就在传播过程中形成一种信息回流与交互。其中必然牵扯广告的形式与内容，电信诈骗分子在确定好广告投放群体和受众后，多在吸引力、感染力上下功夫，往往会以针对性、成本低廉性、超强感官性、便捷性、范围广泛性和效果统计精准性为特点。

小广告是城市的“牛皮癣”和顽疾。电信诈骗也会在网上开设各种“牛皮癣”，但是其文字充满了诱惑性，人们如果没有认真识别，很有可能被其蒙骗。

海报图纸往往是某些诈骗机构的“名片”，它往往有劲爆的文字、鲜艳的颜色、粗糙的构图，但极具诱惑性。

四、网站页面

页面结构（导航栏、主体内容、尾部）和展示形式（文字、相关的超链接、图片），其中尤以文字叙述作为当前研究的主要对象，包括发帖时间、超链接的名称。诈骗分子往往制作类似官网的内容与阐述相似的内容，或者仿制正规网站成为钓鱼网站，其链接的目标地址是虚假的。网站内容一般是话术与图片等多媒体的配合，增强了真实性或者诱惑性。

五、论坛留言

在某主题的贴吧或者论坛中，常常见到有楼主发布主题帖或者积极回复网友的问题。其中掺杂着可能围绕内容进行诈骗的风险。还有可能诱使网友转入其他社交平台进行进一步的沟通，论坛贴吧就成为了其中的跳板。

六、APP 互动

从使用频率与覆盖人群的角度考虑，APP 互动板块是除微信、QQ 之外的可以发送文字等信息的平台，例如淘宝、支付宝等。通常是与电商平台的客服进行沟通，与微信和 QQ 相比，往往不可撤回，不可长久保存，无法导出或导入聊天记录，这就使得证据固定存在难度，也使得诈骗者的隐蔽性增强。

七、短信

短信是若干年前常用的非打扰形式的信息社交方式，随着近几年网络社交的兴起，短信的出现频率变得较低，但是仍然是不法分子进行诈骗的突破口，他们往往用附件、彩信、不明未知网站链接的形式发给用户（图 1），其发件人的名称可以通过篡改生成，而且短信相比于微信、QQ，对于一些年龄较大的受骗者来说更像“官方”的。另外其同样具有不可撤回的功能。此类电信诈骗往往会导致错误点击不明链接，下载病毒文件使财产遭受损失或使个人信息泄露。

图 1　诈骗短信[①]

八、社交媒体应用文字聊天与语音

微信和 QQ 已经成为国内用户的主流网络社交软件工具，且由于其具有转账方便、发送内容种类丰富多样的特点，诈骗分子

① 图片来源：编者手机收到的骚扰短信截图。

不论是通过网站还是电子信息媒介等方式进行宣传，最终，也往往以这两个工具作为与末端受骗者进行信息沟通与转账的媒介，如图 2 所示。

图 2　QQ 群平台投资诈骗截图①

九、视频通话

视频通话和电话不一样的地方是能够观看到相应的图像信息，并实时进行呈现，在一定程度上可以按照面对面的形式进行，但同时需要注意的是，“你看到的不一定是真实的”，如

① 图片来源：载《经济观察报》，《刷单江湖》，http://tech.hexun.com/2020-07-18/201726833.html? utm_source=tuicool，访问时间：2022 年 3 月 7 日。

图 3、图 4 所示。

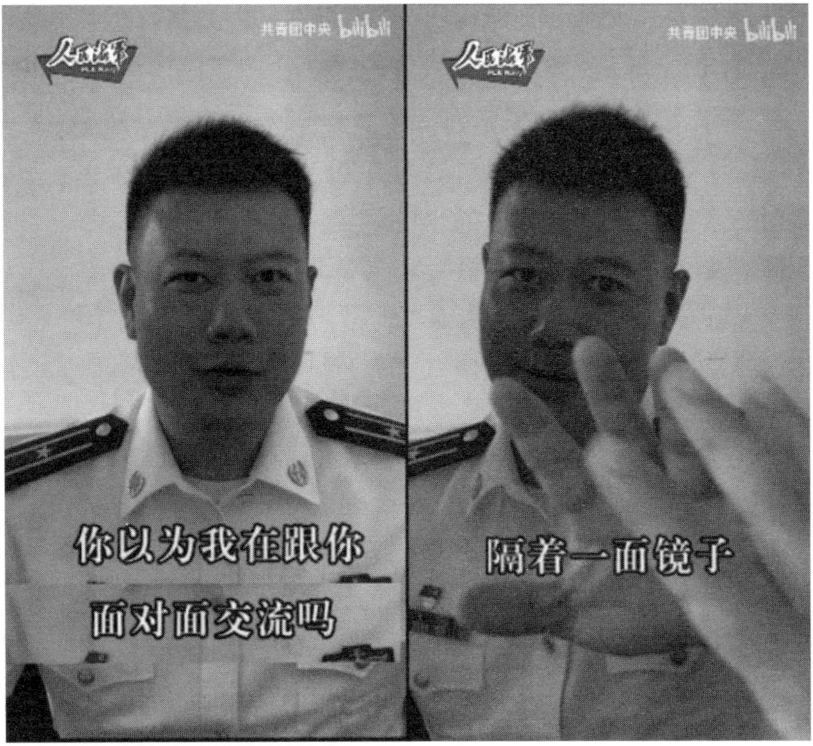

图 3　反诈视频介绍①

① 图片来源：共青团中央，哔哩哔哩弹幕网，《你以为》https：//www. bilibili. com/video/BV1d54y127oE？from = search&seid = 15895110596627662172&spm_id_from = 333. 337. 0. 0，访问时间：2022 年 2 月 6 日。

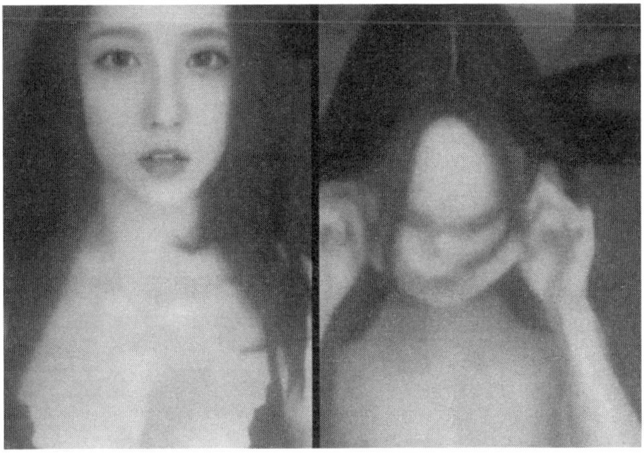

图 4　网红女主播的真相①

十、电话

在电话沟通时，我们全靠听力进行辨别对方的说话内容与周围环境。电话沟通是实时性的，如果用座机则无法像手机那样实时进行电话录音。电话沟通时需要注意对方的称谓、周围环境、语速态度、说话方式与语音等内容。

十一、注意年龄代沟的交谈的特点区别

诈骗分子也区分年龄段，不同年龄的表述范式会出现不同。针对年轻人则用某些语素（表情包、流行词）或者在某些年轻人习惯使用的媒介上面进行操作；针对年纪较大的人，诈骗者则会注重直追问题的本质，直抒胸臆。

---

① 图片来源：警花说，哔哩哔哩弹幕网，《【细思极恐】这就是和你们裸聊的“美女小姐姐”……》，访问时间：2021 年 11 月 19 日。

第二部分

常见电信诈骗案件话术实战分析

第三章 常见涉网诈骗案件的类型与流程简介

第一节 案 件

一、贷款、代办信用卡类

（一）虚假贷款

犯罪嫌疑人一般通过网络媒体、电话、短信、社交工具等方式发布办理贷款的广告信息，后冒充银行、贷款公司工作人员联系受骗者，获取受骗者信息，以收取手续费、交纳年息、保证金、税款、代办费等为由；或者以检验还贷能力、刷流水、调整利率、降息、提高信誉等方式，诱骗受骗者转账汇款。还有的犯罪嫌疑人通过上述方式，以骗取受骗者的银行账户和密码等信息直接转账、消费的方式，实施诈骗。

（二）虚假代办信用卡

犯罪嫌疑人一般通过网络媒体、电话、短信、社交工具等方式发布代办信用卡的广告信息，后冒充银行、金融公司工作人员联系受骗者，谎称可以代办信用卡（激活花呗、京东白条等），以需要工本费、保证金、手续费、服务费、刷流水等为由，诱骗受骗者转账汇款，从而实施诈骗。

（三）虚假提额套现

犯罪嫌疑人冒充银行、贷款公司、网贷平台（借呗、京东金条、360借条等）、互联网金融平台（花呗、白条等）工作人员，谎称能帮助通过信用卡、信贷APP账户提额套现，以需要保证金、手续费、服务费、刷流水等为由，诱骗受骗者转账汇款，从而实施诈骗。

二、刷单返利类

犯罪嫌疑人通过网页、招聘平台、QQ、微信、短信、抖音等渠道推广兼职广告，以开网店需快速刷新交易量、网上好评、信誉度为由，招募人员进行网络兼职刷单。犯罪嫌疑人利用话术诱骗，使受骗者在其提供的链接或者APP上进行购物付款操作，承诺在交易后返还购物费用，并给予额外提成。一般在刷单过程中，受骗者刷第一单时，犯罪嫌疑人会小额返利让受骗者尝到甜头，当受骗者刷单交易额变大后，嫌疑人就会以各种理由拒不返款并将其拉黑。

在抖音、快手等视频直播软件中有以提升人气为由，刷粉丝、点赞的；谎称博彩网做活动，刷彩票流水的；谎称股票大盘提升交易活跃度，刷股票交易的活动。这些与传统刷单类似，犯罪嫌疑人均是以兼职刷单为诱导，并承诺返利、返佣金。一般受骗者刷第一单时，犯罪嫌疑人同样会小额返利让受骗者尝到甜头，当受骗者刷单交易额变大后，嫌疑人就会以各种理由拒不返款并将其拉黑。

三、冒充电商物流客服类

（一）冒充电商客服

犯罪嫌疑人冒充电商平台（淘宝、天猫、京东、小红书、拼多多、闲鱼等）客服，谎称受骗者购买的物品出现问题，以可给予受骗者退款、理赔、退税等为由，诱导受骗者泄露银行卡和手机验证码等信息，将受骗者银行卡内钱款转走；或者因商品质量原因导致交易异常，将冻结受骗者账户资金，让受骗者将资金转入指定的安全账户实施诈骗；或以误将受骗者升级为会员、误将受骗者授权为代理、误给受骗者办理了商品分期业务等，如不取消上述业务将扣费为由，诱导受骗者转款，实施诈骗；或以受骗者会员积分、芝麻信用积分不足不能退款为由，让受骗者提高会员积分进行贷款，并指引受骗者将钱款向指定账户汇款，从而实施诈骗。

犯罪嫌疑人冒充电商平台客服，称受骗者所开店铺因违规操作、未完善店铺信息等原因导致店铺将无法正常营业，店铺相关账户被冻结，以需要交纳保证金、认证金为由实施诈骗。或者犯罪嫌疑人先冒充消费者，联系受骗者，谎称受骗者所开店铺无法付款、无法下单，之后，犯罪嫌疑人又冒充电商平台客服（常见为受骗者扫描由冒充消费者的犯罪嫌疑人提供的二维码，与冒充电商平台客服的犯罪嫌疑人在线联系），谎称受骗者所开的店铺信誉不够、没有认证等，以需要交纳保证金、认证费、服务费等为由，诱导受骗者转账汇款，从而实施诈骗。

（二）冒充物流客服

犯罪嫌疑人通过非法渠道购买购物网站的买家信息及快递信息后，冒充快递、货运、仓储等物流公司工作人员称受骗者快递丢失，可给予受骗者退款、理赔、退税等，诱骗受骗者转账汇款；或者根据犯罪嫌疑人的诱导，受骗者将其银行卡等信息输入犯罪嫌疑人提供的二维码跳转的网页，在输入手机验证码后，受骗者银行卡内的钱款便被转走。

四、虚假购物、服务类

（一）虚假购物

犯罪嫌疑人通过网络社交工具（微信朋友圈等）、网页、搜索引擎、短信、电话等渠道发布商品广告信息，通常以优惠打折、海外代购、低价转让、0元购物等方式为诱饵，诱导受骗者与其联系，待受骗者购物付款后，就将受骗者拉黑或者失联，导致受骗者无法收到约定的商品、货物；或以加缴关税、交纳定金、交易税、手续费等为由，诱骗受骗者转账汇款，从而实施诈骗。

（二）虚假服务

犯罪嫌疑人通过短信、网页、搜索引擎、网络社交工具推广发布信息，谎称可以提供正常的生活型服务、技能型服务（如代为生活缴费、音乐制作、网站制作、论文发布、代加工等）等，以及谎称可以提供非法的各种虚假服务（如犯罪嫌疑人通过互联网站发布提供考题、调查追债、删除网贴、提供定位、交通违章处理、封建迷信等)，以交纳定金、保证金，诱骗受骗者转账汇款，后将受骗者拉黑，从而实施诈骗。

五、杀猪盘类

(一) 虚假投资理财

犯罪嫌疑人首先在网络社交工具（QQ、微信、陌陌、抖音、Soul 等)、短信、网页上发布推广股票、外汇、期货、虚拟货币等投资理财的信息。受骗者主动联系犯罪嫌疑人或者犯罪嫌疑人主动加受骗者为好友后（与受骗者交友、确定男女朋友关系、婚恋等）将投资理财网站或 APP 发送给受害人，谎称能轻松赚钱、有内幕消息、有网站漏洞，或者谎称自己为职业投资顾问、证券经理等，诱导受骗者在犯罪嫌疑人提供的虚假网站、APP 上投资。受骗者在投入大量资金后，发现无法提现或全部亏损。再与对方交涉时，发现对方已将自己拉黑或者失联。

(二) 虚假博彩

犯罪嫌疑人前期通过网络社交工具（QQ、微信、陌陌、抖音、Soul 等）向受骗者（与受骗者交友、确定男女朋友关系、婚恋等）发送博彩网站、APP，谎称博彩网站系统存在漏洞、认识黑客、有内幕消息、有专业导师团队等，在这个网站、APP 投注，只赢不输，后诱导受骗者在博彩的网站、APP 里进行投注。一般通过先让受骗者少量获利的方式，在进一步取得信任后，继续诱导受骗者加大投注金额。最后，受骗者发现网站、APP 账户里的资金无法提现，或在投注过程中，全部输掉。再与对方交涉时，发现对方已将自己拉黑或者失联。

六、冒充公检法及政府机关类

（一）冒充公检法

犯罪嫌疑人以受骗者名下的银行卡、电话、社保卡、医保卡等具有消费功能的工具被冒用，或受骗者身份信息泄露，涉嫌洗钱、贩毒等犯罪为由，冒充公检法等司法机关执法人员，要求受骗者将资金转入“国家账户”配合调查（部分案件中，犯罪嫌疑人还会向受骗者展示假公检法网站上发布的假通缉令等法律手续，来骗取受骗者信任）。

（二）冒充其他单位组织

犯罪嫌疑人冒充税务、教育、民政、社会和劳动保障、残联、金融机构（银监会等）等部门工作人员，以领取补助、退税、助学金，诱骗受骗者汇款实施诈骗；或谎称社保、医保、证券、金融等账户出现异常（通常为冻结、失效等），诱骗受骗者向安全账户汇款，从而实施诈骗。

七、冒充领导、熟人类

（一）冒充领导

犯罪嫌疑人通过电话、短信、网络社交工具（QQ、微信、微博等）等方式，冒充受骗者的领导、公司老板、上级管理者等身份（或冒充领导身边的秘书、司机等，同样是以领导的名义），以与其他公司合作伙伴签合同、送礼、遇事急需用钱等为由，诱骗受骗者转账汇款，从而实施诈骗。

（二）冒充熟人

犯罪嫌疑人通过电话、短信、网络社交工具（QQ、微信、微博等）等方式，冒充受骗者亲戚、子女、好友、同事等，以人在国外代买机票、交学费、给教授送礼、违法被公安机关处理需要保释金、遇交通事故需救治或赔偿、处理关系不方便直接出面、病重需手术等急危情况等为由，诱骗受骗者转账汇款，从而实施诈骗。

犯罪嫌疑人通过电话、短信、电子邮件、网络社交工具（QQ、微信、微博等）等方式，冒充受骗者所在公司的生意合作伙伴，以企业收款账户更换、垫付货款、代买其他商品为由，对受骗者实施诈骗。

犯罪嫌疑人冒充学校校长、教务主任、培训班老师等，以报名培训班需交纳学费为由，诱骗受骗者进行转账汇款，实施诈骗。

（三）冒充公众人物

犯罪嫌疑人通过冒充具有公众影响力的明星、网红、知名企业老板等身份，以能与明星、网红、知名企业老板互动、交友、见面、吃饭、获取签名照等为由，诱骗受骗者转账汇款，从而实施诈骗。

除冒充以上人员的典型情形外，还有冒充其他身份的情况，在此不一一列举。

八、网络游戏产品虚假交易类

（一）游戏币、游戏点卡虚假充值

犯罪嫌疑人在社交平台发布充值游戏币、游戏点卡优惠或优惠购买的广告，诱导受骗者先付款，制作各种虚假的游戏界面和充值界面截图，发送截图给受骗者获取信任，对其实施诈骗。

（二）游戏账号、装备虚假交易

犯罪嫌疑人发布买卖游戏装备、游戏账号的广告信息，诱导受骗者在架设的虚假游戏交易平台进行交易。在部分案件中，犯罪嫌疑人让受骗者提供游戏账号和密码、登录的服务器区域、登录的手机系统，最后通过登录受骗者游戏账号，冒充该受骗者诈骗其游戏内的其他好友。

（三）其他

犯罪嫌疑人以出售游戏外挂、游戏代练、解除游戏账号冻结、解除游戏防沉迷限制等为由，诱骗受骗者转账汇款，从而实施诈骗。

九、网络婚恋、交友类（非杀猪盘）

（一）冒充外国军人

犯罪嫌疑人冒充外国士兵或者国外其他工作人员以收包裹邮寄费、关税费等为由，诱导受骗者转账，实施诈骗。

（二）网络婚恋

犯罪嫌疑人通过网络社交工具，与受骗者发展恋爱关系、婚姻关系等，以虚构各种生活困难、购买礼物等为由，诱导受骗者转账，实施诈骗。

（三）网络交友

犯罪嫌疑人利用网络社交工具，与受骗者交流，通常以有项目可以投资赚钱（工程项目、影视娱乐等），或者与受骗者交谈共同的兴趣爱好，培养感情，获取信任，后以生活困难、病重求医等为由，诱骗受骗者转账，实施诈骗。

十、虚假征信类

（一）消除校园贷记录

犯罪嫌疑人冒充网贷、互联网金融平台（蚂蚁金服、360 借条、京东金融等）工作人员，称受骗者之前开通过校园贷、助学贷等，按照现在政策属违法违规，现在需要消除校园贷记录，或者校园贷账号异常需要注销，如不注销会影响个人征信为由，诱骗受骗者转账汇款或让受骗者在正规网贷、互联网金融 APP 上贷款后，转至其提供的账户上，从而实施诈骗。

（二）消除不良记录

犯罪嫌疑人冒充银行、网贷、互联网金融平台（蚂蚁金服、360 借条、京东金融等）工作人员，称受骗者的信用卡、花呗、借呗等信用支付类工具，有不良记录，需要消除，不消除会影响个人征信；或者称受骗者之前有网贷、分期记录，会对个人征信产生不良影响，以可以帮助注销账号、消除分期记录等为由，诱骗受骗者转账汇款，从而实施诈骗。

十一、冒充军警购物类

犯罪嫌疑人冒充军人、消防队员或学校领导联系受骗者，提出购买帐篷、床铺、演练设施等物资的需求，并告知受骗者此类物品供货商的电话，后由另一名同伙扮演供货商，以让受骗者先打货款的方式，骗取受骗者钱财。

十二、其他涉信息网络新型犯罪

其他涉信息网络新型犯罪还包括裸聊敲诈、网络套路贷、恶意索赔、软暴力催收、负面舆情敲诈、网络水军滋事、网络暴力传销等。

以裸聊敲诈的手段为例。受害人通过社交平台认识“美女”，没聊几句，就进入“裸聊”。这个阶段，“美女”通常会主动发来自己的照片和视频，当受骗者没抵抗住诱惑接受视频时，就掉进了陷阱。受骗者沉浸其中毫无知觉的短短几分钟，已经被录像，被对方留存了所谓的“证据”，这就是嫌疑人要挟受骗者的筹码。“裸聊”过后就是违法犯罪嫌疑人“收网”时刻。这些违法犯罪嫌疑人利用受骗者要面子、“家丑”不可外扬等心理以及顾虑家庭社会影响等因素，拿着受骗者的裸照、视频，肆无忌惮地进行敲诈勒索。

除此之外，犯罪嫌疑人利用 QQ、微信、微博等社交工具发布信息，利用返利活动、贷款、舆情等手段拉人入 QQ 群、微信群，诱导受骗者转账，实施诈骗；或犯罪嫌疑人通过加受骗者微信、QQ，通过聊天诱导受骗者转账，实施诈骗。

十三、平台投资类

犯罪嫌疑人以某证券或投资公司名义通过互联网、电话、短信等方式散布虚假个股内幕信息及走势，吸引受骗者加入微信群、QQ 群等社交平台，获取受骗者信任后，再诱导受骗者在嫌疑人搭建设立的虚假恒指、贵金属、农产品等期货、现货交易平台进行交易；或以发展所谓的“加盟商”为由，引诱受骗者进入虚假的交易平台，通过虚假注资、人为操控市场行情的方式，使受骗者在交易平台内大额亏损、爆仓，以达到诈骗目的。

第二节　分类依据

一、根据话术内容分类

（一）杀猪盘类

第一步，骗子一般会先加受害人为好友，聊一些生活上的话题，时间长短不一。然后会突然降低聊天频率，等你去问他时，他就会告诉你他在用手机赚外快，看你对这件事情是否好奇，从而判断是否为目标人群。

第二步，当受害人开始好奇，咨询相关情况时，骗子会说自己在购买彩票或者投资股票证券，并且中奖及回报相当可观。

第三步，骗子会将准备好的虚假投资理财 APP 或者博彩类 APP 发给受害人，说自己有股票交易内幕消息。事实上是骗子在后台创设实时变动的投资环境，指导受害人登录、购买等操作，让受害人觉得能从平台赚到钱。

第四步，骗子会说让受害人“玩一下试试，万一赚钱了呢”。此时受害人会犹豫，骗子会接着说只投小笔资金。受害人投小笔资金尝试，骗子从后台操作，让受害人赚钱，以此让受害人进一步相信平台能赚钱。

第五步，骗子会说让受害人多凑点钱，赚笔大的。充分利用受害人赚钱后不肯收手，或者赔钱后相信自己一定可以赚回来的心理。在此过程中往往受害人会去网贷平台借钱，陷入骗子设好的局中，无法自拔。

第六步，骗子接着会利用培养好的感情，煽动受害人多想想未来，只有赚更多的钱才可以过上更好的生活。这也是杀猪盘的关键之处，受害人此时会大笔投入资金，对金钱不再敏感。

第七步，此时受害人投入平台的钱会亏完，不投钱就只能还债，继续投钱，还要接着贷款。骗子利用受害人的心理，会说再贷一点，赢了就翻盘了。

第八步，当受害人把贷来的钱也输完时，会对骗子产生怀疑，想知道骗子是谁。骗子会以各种理由不视频，并强调没有骗受害人。

第九步，诱使受害人删掉证据。当受害人无钱投的时候，骗子会利用前期的感情基础，编造发生紧急事件，使受害人删掉聊天记录及相关 APP，这也是受害人直到报案时还觉得骗子是真实存在且真实发生了紧急事件的原因。

（二）刷单返利类

第一步，通过 QQ、微信兼职广告等线上引流将受害人拉入骗子的微信群中，骗子会在群里以快速刷新交易量、网上好评、刷信誉度为由赚取佣金的信息，诱使受害人关注。

第二步，受害人会添加群内骗子的微信，了解如何刷单，骗子会向受害人推荐相关的刷单 APP，并承诺在交易后返还购物费用。

第三步，受害人在骗子的指导下在APP内抢到几笔小单，尝到了甜头，后来派单的金额会逐步变大，过程中无法提现，骗子会以各种理由说未达到提现金额。

第四步，骗子会给受骗者逐渐派发大额订单，中途会以支付失败、超时等理由要求重新刷更大额的单才能返还受害人之前刷的几笔费用，受害人一般此时就无法负担了，转而向借贷平台贷款支付给骗子，最终受骗。

（三）冒充领导、熟人类

骗子会利用非法获取的个人信息，在细节方面增加可信度，如用领导的照片当微信头像。在话术上第一步会以与冒充人员身份相符的话语询问受骗者，目的是使受害人放松警惕。第二步会提出转账需求，资金周转、过账等理由。第三步当受害人想核实身份的时候，骗子往往会说自己在开会，会后给当事人打电话回复。

（四）贷款、代办信用卡类

受害人一般是在网上浏览相关贷款网站，信息被泄露后，骗子会直接打电话给受害人。第一步，向受害人推荐无抵押担保贷款，并承诺放款快，且还款周期长、利息低。第二步，骗子会说让受害人提供本人的身份证、姓名、银行卡、地址、社保、公积金及工作收入等信息，交由公司负责人进行审核，审核通过后才能放款。第三步，骗子会要求受害人购买一份“保险”用于担保此笔贷款。办完“保险”后，骗子告诉受害人，经过公司查询，发现受害人的征信记录不太好，贷款放不下来。骗子又以帮助优化征信记录，要求受害人支付费用。第四步，骗子以各种理由要求支付费用，并且拖延时间。

（五）冒充电商物流客服类

第一步，受害人会接到骗子打来的电话，骗子一般会称自己是某平台的客服，并准确说出受骗者买过的订单号或者产品，编造该产品存在问题要给受害人退款。第二步，骗子会让受害人下载视频等让受害人共享屏幕，教受害人下载贷款 APP 进行转账操作。

（六）冒充公检法类

第一步，骗子会伪装成公检法等党政机关工作人员打电话给受害人，告诉受害人可能涉及某起案件。第二步，骗子会通过社交工具发来之前准备好的假法律文书，以便进一步使受害人信任。第三步，打消受害人的怀疑，这也是最关键的一步。骗子会将通过非法途径获取的受害人的相关信息告诉受害人，打消受害人的顾虑。第四步，获取更多的受害人相关信息，银行卡余额等。第五步通过资金查验，冻结保护等借口使受害人将钱转出。

二、按受害人的接受方式分类

（一）主动型

网络贷款、网络交友（杀猪盘）、投资荐股、网上博彩、兼职刷单等诈骗方式是诈骗分子根据群众生活中的实际需求制定的诈骗手法。受害人皆是因自身需求，主动发布相关信息或者主动相信骗子，一般都会被诈骗分子不同程度地“洗脑”，认为这些都是真实的，不是诈骗，甚至有刚被预警劝阻后依然相信骗子、被骗多次的情况出现。

（二）被动型

冒充客服、冒充好友、冒充领导、冒充公检法、虚假征信类等是基于群众平时生活场景制定的诈骗手法，因事件贴近实际，往往会使防骗意识不强的群众受骗。

第三节　实施诈骗的阶段（以冒充公、检、法诈骗为例分析）

本节以冒充公检法诈骗为例进行分析。冒充公检法电信诈骗集团的整个诈骗活动，由话务集团、洗钱集团、贩卖公民个人信息集团、地下钱庄等多个集团相互配合完成。

建立一个冒充电信诈骗话务窝点，约需以下六步完成。第一步，金主出资，选择有能力的桶主合伙；第二步，桶主进行窝点选址，联系公关人员协调当地警察给予提供保护；第三步，联系网络商安装宽带、线路商建成诈骗呼叫线路系统；第四步，在台湾、大陆招募管理、话务、外务等人员；第五步，根据条商提供的“二手条”，培训新人学习诈骗技巧；第六步，联系“水房”，转移诈骗所得资金。

第一步相关情况：

为开展诈骗活动提供全部资金的老板叫“金主”。金主在各个地方出资不一样，在台湾出资约200万台币（约合人民币45万元）、东南亚国家500万台币、欧美日国家1000万台币。出资不一样是根据机票价格高低、签证办理难易、公关收费高低等多方面原因确定的。金主多躲在台湾，不负责窝点的具体事宜，收入约为诈骗所得的30%。

在窝点具体负责的人员被称为“桶主”。桶主负责话务窝点的管理，包括联系水房、公关、线路商、网络商，招募话务人员、账务结算、人员管理、外务、机票订购、签证等全部工作。收入约为诈骗所得的30%。

第二步相关情况：

协调当地警察提供保护的叫“公关”。公关主要负责协调当地警察关系，为诈骗窝点通风报信。有些公关还提供房屋出租、外务等。每个月费用约1.5万~3万美金。公关一般由金主或者桶主联系。

第三步相关情况：

安装宽带、利用宽带流量提供情报信息的接线员叫“网络商”。每个窝点接入宽带网线不一样，按照15兆1条的带宽，接入2条宽带每月约1万美元租金。由于网络商对多个窝点开展宽带安装服务，应当知晓多处窝点所在地。网络商为获取每月高额租金和逃避警方侦查，故意向运营商公司谎报宽带申请人地址，故意将装机地址和IP使用地址分开，增加警方IP定位难度。

接通电话、改号软件通信线路的人员叫“线路商”。线路商主要负责窝点线路的规划和建设，建成群呼系统、提供虚拟改号软件、降低拨打花费成本。通过线路商建成的线路拨打国内号码的费用相对便宜，约3.5台币每分钟。通过手机直接拨打比较贵。

窝点人员主要通过手机直接拨打和线路商安装线路拨打两种方式向境内拨打诈骗电话。

第四步相关情况：

专门拨打电话进行诈骗的人员叫“话务人员”。话务人员分为一线、二线和三线。一线话务人员一般冒充银行工作人员、保险公司人员、税务人员等各行业工作人员；二线话务人员冒充公安人员；三线话务人员冒充检察院或法院工作人员。由于公安部对话务窝点的严厉打击，有些窝点的一线话务员已经和二线、三线话务员分开，甚至一线话务员迁移到海南等地。话务人员一般是老乡带老乡、亲人带亲人、朋友带朋友，但是签证和机票由桶主安排专人办理。前期机票和签证多委托旅游公司办理，为避免公安一抓抓团伙，目前正向由个人办理，事后凭票报账转变。

第五步相关情况：

专门为拨打电话提供公民个人信息的集团被称为“条商”。条商主要收集国内各行各业人员信息，教师行业信息叫“师条”、车辆信息叫“车条”，还有“医生条”“公务员条”“保险条”“高端美容条”。特别恐怖的是，为了促使受害人相信，他们获取的受害人银行卡信息有卡号、余额和密码，让受害人深信不疑。信息按照使用情况分为“一手条”和“二手条”，“一手条”价格高昂，“二手条”价格便宜。“二手条”主要用于新手学习练手使用。

第六步相关情况：

转走受害人资金的人员就是洗钱集团，洗钱集团被称为“水房”。“水房”一般分布在中国台湾地区、东南亚国家等。“水房”

人员在国内贩卖银行卡的集团手里购买银行卡，并安排“车手”国内取卡。“车手”将这些卡编号后，将卡的信息发回“水房”。“水房”将获取的银行卡编号分为“大车”“中车”“小车”。大车，即受害人第一次转款的银行卡账户；中车，即第一级账户转出的多张银行卡；小车，即第三级或者更多级账户的统称。“水房”人员派出“车手”在境外和国内等地取款，台湾取款较少、大陆居多。台湾目前建立了奖金举报制度，“车手”在台湾取款易被抓。境外取款每日不超过 1 万元人民币，一张银行卡一年不超过 10 万元人民币。国内取款每日不超过 2 万元人民币，一年可无限次取款。为降低购买银行卡成本，大量台湾籍人员、大陆人员在大陆充当车手取款趋势明显。“车手”将钱取走后，通过专门的地下钱庄将钱流通到台湾，台湾籍人员一般在台湾通过见面的方式取走大陆流出的钱。

第四章　贷款、代办信用卡类话术分析

贷款、代办信用卡类诈骗，是指以办理贷款，代办高额信用卡、信用卡提额等名义实施的诈骗。诈骗分子冒充贷款公司，先用高额度、低利息、放款快等说辞来吸引目标，再以需要交纳保证金、手续费、刷流水等名义要求转账，从而骗取钱财。

贷款、代办信用卡类诈骗对象以低收入、高消费的高校学生，不务正业、染不良嗜好的社会青年，投资失败、资金周转困难的生意人为主。

第一节　案　例

一、虚假贷款

案例[①]**：**

陶某接到陌生电话，问是否需要贷款，经营餐馆的陶某恰好需要资金周转便回应需要贷款。客服加了陶某微信，介绍贷款详

① 载《陕西凯韬律师事务所2021年案例库》。

情。陶某根据客服要求，下载 APP 并在 APP 内注册了个人信息，申请了 15 万元贷款并显示审核成功。

客服以输错银行卡号，该笔款项已被银监会冻结，需付 10% 解冻费为由，让陶某转 15000 元到某银行账户。客服以操作超时，要求陶某转账两笔 30000 元，进行认证解冻。客服以认证失败为由，要求陶某再次转账 26500 元。至此，陶某共计交纳 101500 元，贷款却还没有办下来。客服要求再转 53000 元保证金时，陶某发觉被骗，立即报案。

二、虚假代办信用卡

案例[①]：

2 月 25 日，市民张先生在网上看到一条小广告，自称可代办大额度信用卡。点击广告后，是一个申请代办信用卡的网站，张先生将个人姓名、联系电话填写后，一名自称××银行信用卡客服的人联系张先生，表示代办信用卡需要先交一笔 400 元手续费。尽管有点怀疑，他还是支付了 400 元。3 天后，张先生收到一张××银行信用卡。收到信用卡后，信用卡客服再次来电，要求张先生打 12000 元进入这张信用卡，以便进行信用卡激活。3 月 1 日早上，张先生到 ATM 机如数转账，6 日发现，信用卡的额度并没有提高，联系对方时，对方电话关机，才意识到自己被骗。

① 载《陕西凯韬律师事务所 2021 年案例库》。

三、虚假提额套现

案例 1——恶意透支后逃避还款[1]：

陈某向某银行申请办理了额度分别为 2 万元和 15 万元的信用卡，并将额度提升至 30 万元。由于其经营的公司出现资金困难，陈某开始用这两张信用卡套现用于企业经营，但未偿还信用卡所透支的钱款。银行多次上门及电话催收，陈某采取躲藏及电话不接、短信不理的方式逃避催收。此后，陈某又将其与银行保持联系的电话停机，重新办理了电话卡，且未将变更后的电话号码告知银行信用卡中心。截至案发，陈某恶意透支信用卡本金共计近 60 万元。

案例 2——利用假材料申领信用卡后套现[2]：

罗某利用一套假证件（房产证、收入证明等）在银行办理一张信用卡，信用额度 5 万元。在领取信用卡后，罗某在门店内刷信用卡套现，并以套现的方式偿还了几次信用卡。逾期后，银行工作人员多次催收偿还信用卡透支款，罗某以各种理由拒绝，在银行多次催收的情况下，罗某为逃避银行工作人员追还信用卡透支款，变更联系方式，致使银行工作人员无法与他取得联系。截至案发，罗某共透支本金 49884 元，本息合计 57563.75 元。

---

① 载《陕西凯韬律师事务所 2021 年案例库》。
② 载《陕西凯韬律师事务所 2021 年案例库》。

案例 3——与银行员工内外勾结[①]**：**

张某与彭某在 2010 年相识后，共同预谋办理信用卡套现透支，采取以卡养卡的方式非法占用银行资金。其中，彭某为某银行贵州分行营业部贷记卡独立审批人。二人内外勾结，由张某先后骗取数名亲友的身份证明材料提供给彭某，彭某利用这些资料违反信用卡办理程序，共同骗领贷记卡 39 张，并将信用卡的额度进行提额后交给张某持有、使用。

为了便于利用信用卡套取银行现金，张某注册成立两家公司，并均申请开设有 POS 机。张某将上述持有的信用卡中的 29 张信用卡在其设立的公司开办的 POS 机上进行套现透支、以卡养卡。在套取现金过程中，彭某利用其贷记卡独立审批人的职务便利与张某里应外合，多次逃避其所在银行的风险检查。

这 29 张信用卡套取的银行资金由二人共同使用。其中，彭某将约 300 万元用于个人购买车辆、车库、门面、装修房屋及消费等，其余资金由张某用于支付利息、二人共同投资及消费。经银行多次催收后至案发前，仍有本金约 831 万元不能归还，并给发卡银行造成利息约 116 万元、滞纳金约 47 万元、其他费用约 9 万元，共计 170 余万元的巨大经济损失。

---

① 载《陕西凯韬律师事务所 2021 年案例库》。

第二节　诈骗话术分析

案例1：

诈骗者：喂，您好，请问是×××吗？

话术分析：当诈骗者联系到受骗者，第一句话直接确认受骗者基本信息，说明受骗者的信息以某种方式已被泄露，诈骗者完全掌握，诈骗者说话也会干脆利落，非常自信。该情况下受骗者一般会放下警惕，直接跟着诈骗者的思路，基本信任诈骗者所说的话。

受骗者：是的，请问您是？

话术分析：受骗者是以一种放松的心态去回答，已经对诈骗者身份初步放下了警惕，如果后面诈骗者再确认几个信息，受骗者基本会完全放下戒备之心，顺着诈骗者的思路下去。

诈骗者：我是××银行的工作人员，查询到您的××银行卡现被冻结。现在需要跟您确认一下，您是不是有失信行为？

话术分析：诈骗者趁机追问，立刻化身为银行工作人员，语气态度强硬且具有同情心，问题直接关乎受害人的切身利益，让受骗者完全陷入自己的问题之中，产生恐惧害怕心理。

受骗者：没有啊，我没有失信行为啊，怎么会被冻结呢？

话术分析：受骗者已经陷入恐惧害怕之中，完全没有被骗的意识，注意力全部集中在自己的银行卡被冻结之中，且心里又非常着急，会反追问诈骗者具体情况以及解决方式。

诈骗者：那我们现在给您解封，需要您这边的手机验证码，稍后收到给我说一下。或者：那我们现在给您解封，您先说一下您的原始密码，稍后再设置一个新的密码，卡里的钱因为被冻结，现在无法取出，稍后通过短信您自己输入新密码，新密码设置后，您可以去查询以及取款。

话术分析：诈骗者基于受骗者急迫解决的心理，顺势通过线上操作转账，向受骗者要取验证码或者密码。

受骗者：好的。

话术分析：受骗者已经被骗，并且短时间内不会心生怀疑，只有实际知道自己卡里钱没了才会反应过来。

案例2：

诈骗者：您好，请问您想办理贷款吗？高额度、低利息、放款快、无抵押。

话术分析：诈骗者所说第一句为该类型的，一般是诈骗者广撒网，随机寻找受骗者。诈骗者不知道受骗者相关信息，以试探的方式，对急需缺钱、没有基本防范意识的受骗者进行诈骗。说出高额度、低利息、放款快、无抵押等诱惑性词语，利用人性“贪便宜”的弱点，使得受骗者蒙蔽了双眼，钻进诈骗者的圈套。

受骗者：您可以具体说一下吗？

话术分析：说明受骗者初步符合诈骗者寻找的目标，具有一定的需求，也说明受骗者警惕意识下降，慢慢进入诈骗者设计圈套的第一步。

诈骗者：我们的贷款无征信要求，一次最多可以贷款30万

元，利息为银行利息的一半，放贷时间为一年，到期后可以续贷。

话术分析：诈骗者说出宽松的条件吸引受骗者，让受骗者下意识觉得可以贷。但同时这也是一般人应当理智的时候，银行利息已经很低了，再低于银行的利息，肯定没有人愿意放。

受骗者：那我想贷30万元，怎么贷？

话术分析：受骗者已经进入圈套，基本放下戒备之心，想着诈骗者的要求和贷款的流程。

诈骗者：先提交身份证复印件，个人电子照片……（银行办卡需要的东西）

话术分析：诈骗者说出和银行一样的要求，进一步取得受骗者信任，也进一步证明自己的合法合规。

受骗者：好的。

话术分析：受害人已经完全信任诈骗者的话。

诈骗者：由于我们是低于银行利息放贷，需要您先支付预付利息20000元，稍后您的贷款马上到账……

话术分析：诈骗者借着受骗者的信任，开始正式实施诈骗，受害人此刻虽有一些怀疑，但是很多人都会按照诈骗者的要求去办，但是当诈骗者多次向受骗者以各种名义要钱的时候，受骗者才会慢慢意识到被骗了。

受骗者：好的。

话术分析：受骗者已经受骗。一般转钱以后，心里会有一些疑问，只有当真正联系不到诈骗者的时候，才会意识到自己受骗。

案例3：

诈骗者：您好，请问想办理信用卡吗？如果您不符合条件，我们还可以帮您代办。

话术分析：诈骗者以询问的方式，利用信用卡在人们心中是比较可靠、安全的印象以及部分群体急需用钱的情形，进一步让受骗者了解相关贷款信息，进而取得受骗者的信任。

受骗者：请问信用卡是怎么办的？代办又是怎样的？

话术分析：受害人上来直接追问诈骗者这句话，没有反问对方是什么机构或者什么银行，没有直接确定对方的身份，已经是陷入错误认识的开始，诈骗者对此也会特别欣慰，接下来肯定会进一步介绍。

第五章 刷单返利类话术分析

第一节 案 例[①]

王先生在刷抖音时，看见了一个可以做兼职的广告，然后点击广告下载了“青桔招聘”的软件，在“青桔招聘”上看到一个招聘广告，添加了广告上的微信，对方就给他发了个二维码，要求他下载“weme”APP进行交流。王先生通过“weme”APP添加了一个自称是接待员的人，接待员就开始给王先生发任务，让王先生充值了10元，过了一会儿王先生提现了12.5元。后来对方让王先生去抖音关注和点赞，截图发给接待员，接待员就会往王先生的“weme”APP账号打钱。随后，对方在“weme”APP把王先生拉进了一个群，在群里接任务，发完成任务的截图。在王先生连续做了好几单之后，“weme”APP内的金额已经到了33元，王先生就找接待员提现，接待员说王先生的流量不够，无法提现，要接充钱的任务才可以提现。于是王先生就又陆续接了四单，一共充值了6152元，可还是不能提现。接待员说王先生操作有误，需要再充值10000多元才可以，王先生发现不对劲后就报警了。

① 载《陕西凯韬律师事务所2021年案例库》。

第二节　诈骗话术分析

关于该类诈骗情形，主要由以下三点原因：首先是由于受害人自身有赚钱的需要；其次是聊天客服功能都在小众的 APP 上；最后是往往此类诈骗的前期几单会有甜头，后面大额单无法提现。

让我们根据案例话术作进一步分析：

头像分析：这里刷单客服的头像是没有形象的，说明这是类似机器人型的谈话对象，对于性格分析没有突破。而受骗者的头像是，说明有一定的个性，年纪偏年轻。

诈骗者：您好，请问您是来面试了解工作的吗？

受骗者：嗯嗯。

诈骗者：好的。请您出示一下您的名字、年龄、手机号码，我这边需要查询一下您的报名。

受骗者：程××，年龄 23 岁，18×××××××××5。

诈骗者：我这边和您简单介绍下，文员客服工作主要是在我们的软件上录入数字单号，因为我们对接很多物流电商平台需要人工把那些电脑扫码枪录入不了的快递单号、邮政编码、电话号码等数据用手机录入我们的系统来作统计，我们这个是在家办公的。

诈骗者：简单来说，公司提供工作数据资料，您负责将数据

录入到公司的系统里面，一台手机就可以工作了。

诈骗者：可以明白吗？亲。

诈骗者：明白我和您说一下薪资待遇。

受骗者：明白。

诈骗者：【日薪150元】+提成【每单2~12元发到您的支付宝】，提成是一单一结，十分钟结算一次。底薪是一天一结，每天150元，晚上9点结算给您。

诈骗者：每天工作7小时，日薪150元。未满7小时则按照每小时15元计算，周末双休。月底公司会给员工交纳五险一金。

诈骗者：感兴趣请回复“1”，我教您下载公司内部工作APP，然后添加接待员即可工作。

受骗者回复“1”

诈骗者：https：//qq××××4. app，您复制链接到手机自带浏览器打开下载××科技，好了联系我。

诈骗者：下载好了吗亲  ？

诈骗者：下载遇到什么问题了吗亲?

受骗者：下载好了。

诈骗者：账号182×××，密码187×××，账号密码是您的手机号码哦亲，直接登录就可以哦。

受骗者：然后呢?

诈骗者：把名字头像随意地换一下亲。

受骗者发了截图。

诈骗者：点击消息右上角的“+”号添加接待员账号158158××××。

受骗者：好了。

诈骗者：好的，添加接待员后，就可以跟着接待员工作了。有什么不懂的您可以问他哦，加油，保持在线哦亲，有事忙和接待员报备一下哦。

第六章　冒充电商物流客服类话术分析

第一节　案　例[1]

冒充电商物流客服诈骗一般是通过电话告知受害人其存在购物需要退款的行为，案例如下：

吴女士在家中接到003507413××××的电话，对方冒充是天猫商城的工作人员，说客服不小心将吴女士的淘宝账户开通了VIP，今天要开始扣费，年费6000元，需要吴女士自己操作取消，对方称会将电话转接给工作人员，电话挂了后又有类似的电话打进来，吴女士按照对方的要求操作，向对方提供的账号转账38800元后发现被骗，于是报案。

第二节　诈骗话术分析

从受害人的常识与操作特征来看，受害人一般对网络不熟悉，缺乏相关常识。从性别比例来看，以女性为主。

① 载《陕西凯韬律师事务所2021年案例库》。

让我们根据案例话术进行进一步分析：

案例前述：诈骗者自称是网店售后客服，告诉受骗者曾在网店购买的某一产品丢失，现在获得了一笔商家理赔金，并开启了理赔通道，受骗者收到理赔金后发现理赔金额远超购买商品的价格，想要关闭理赔通道并退还多领取的理赔金。以下是受骗者和所谓“客服”的对话。

受骗者：您好，之前多领取的理赔金已归还，申请关闭理赔通道。

诈骗者：请稍等，正在为您查询！

诈骗者：操作超时卡单，无法关闭理赔通道。温馨提示：无法关闭理赔通道将产生循环账单，每隔 7 天将在客户名下账户扣取 500 元，循环 36 个月。并对客户征信产生影响！

话术分析：实际上多理赔的金额是为无法关闭理赔通道作掩饰，夸大无法关闭的后果，在攻击受骗者的心理防线。

受骗者：如何处理？

诈骗者：请报备您个人名下实名关联账户资金，保留截图，请将您名下实名关联账户做资金归集工作，以免系统误扣，并进行银联代码认证，辅助关闭理赔通道，微信以及支付宝请勿存放资金，避免系统误扣。

话术分析：资金归集工作实际上是诈骗受骗者相关账户信息的过程，为下一步的资金转移作准备。“以免系统误扣”将所谓“责任”转嫁至莫须有的系统，体现“您的资金非人为操作，都是系统自动进行”的错觉，打消受骗者的怀疑。

受骗者：所有资金已归集，现在申请银联资金代码认证，并

保护个人资金辅助关闭理赔通道。

诈骗者：请稍等，正在为您申请！

诈骗者：您的个人资金认证代码为：25946.55，请尽快操作认证！

诈骗者：您认证时输入密码和验证码完成后点击确认，系统会弹出认证方式，您根据认证方式认证资金无需转出。

诈骗者：请尽快认证，时效5分钟，关闭通道！

话术分析：时间的催促，是操纵被害人心理的重要手段，使用短时间、快速的操作手段与语言加压，使得大部分人减少自我思考的机会，跟随骗子的节奏快速被骗。

诈骗者：宋金×

受骗者：申请驳回，原因：个人误转资金，这是怎么回事啊？

诈骗者：请稍等，正在为您查询！

诈骗者：已经为您进行查询，银联认证是无须转出的，导致认证资金账户冻结。今日财务已经下班，请明天上午十点钟进行处理。

话术分析：越急切越放慢办理速度，既是加重受骗者的焦虑，又能够为诈骗过程拖延时间。

（第二天）

受骗者：申请资金账户解冻，做资金流水认证，返回个人误转资金。

诈骗者：请稍等，正在为您申请！

诈骗者：系统授权至花呗资金覆盖，请转至支付宝金融通道花呗清空资金做资金流水，以辅助关闭理赔通道，理赔通道关闭

后恢复正常个人额度！请尽快认证！

诈骗者：资金流水已认证……认证成功！系统提示仍申请失败，正在排查原因。**请稍等**。

（离线，无法联系）

（退赔理赔金的过程实际为转移支付宝账户资金提供掩护，盗取受骗者的资金信息）

第七章 虚假购物、服务类话术分析

第一节 案 例

一、购买相关生活类证件

夏先生在微信朋友圈里看到林某发可以办包过驾驶证的信息，夏先生为了给妻子办理驾驶证就与林某联系，分四笔给林某转账 5900 元，等到后来联系不上林某，得知被骗。

魏先生在家中看手机时，手机弹窗出现一个黄色广告，魏先生点开之后在平台上找服务，按照对方所说下载“Sugram 畅聊”APP，对方以保证金和套餐服务费为由让魏先生陆续向对方提供的银行卡转款 43600 元，魏先生未得到服务，对方也不退款。一共被骗 43600 元。

二、网上招嫖

我们要谨记，色字头上一把刀。

首先，四处撒网。骗子会事先在网络上发布所谓的“包小姐”“色情服务”等招嫖信息，大多都会附上露骨的性感照片，就等着好色之徒上钩。

其次，物色目标。等到对方看到招嫖信息主动找上门的时候，骗子立即承诺服务内容，通过各种忽悠、诱惑让受害人悠然神往、丧失理智。

再次，预交订金。达成交易意向后，骗子开始会以各种“合乎情理”的理由让受害人先交钱后见人，并且信誓旦旦称一收到钱马上上门服务。通常这笔钱金额不会很大，一般都是一两百元，用于试探受害人的心理防备程度。

又次，变本加厉。当受害人交了第一笔钱之后，骗子又会编出以保证“小姐”的安全为由，要求受害人先通过汇款交上几千元的保证金。接下来各种的汇款借口会层出不穷，雪球也会越滚越大，直至受骗人骑虎难下，心力交瘁。

最后，无影无踪。等到受害人发现上当受骗后，钞票已进入骗子的口袋里了。幡然悔悟后，想再与对方交涉，骗子已消失得无影无踪，电话也打不通了。

第二节　诈骗话术分析[①]

诈骗者：小哥哥，需要服务吗，什么都可以的那种哦！

受骗者：会不会很贵呢？

诈骗者：我们这里是明码标价的，小哥哥我把价格表发给你看看。

① 转引自刘振章，载《陕西凯韬律师事务所咨询谈话笔录》。

诈骗者发来一份价格表。

受骗者：就来这个998元的套餐吧。

诈骗者：好的呢，麻烦您先交一下费用，我们马上安排您选的这个小姐姐出发。

受骗者转账990元。

诈骗者：收到！麻烦您再加一下我们的客服群，我们要为您提供专业服务！

受骗者：怎么这么麻烦？

（20分钟后）

诈骗者：小哥哥是这样的，我们的妹子已经快到您的酒店了，但是我们专业服务安全第一，我们也不知道您会不会有什么疾病，需要您交3000元的体检押金，妹子到时先给您做个体检，这个只是押金，服务结束后会一分不少的退给您的。

话术分析：体检金往往是此类诈骗的常用伎俩，“服务结束会一分不少的退还”是为了打消被骗者的疑虑，还打着“专业服务”的口号，巧立名目。

受骗者：真麻烦。

受骗者转账3000元。

诈骗者：小哥哥你选的套餐里还有些道具要交3000的费用哦。

受骗者：怎么要这么麻烦，你们是不是在骗我？

诈骗者：因为您是第一次使用我们的服务，所以要交这些费用的。后面就不需要了，押金在服务结束后也会和体检押金一起退给您的。

受骗者：你们肯定是骗我！服务不做了，退钱！

话术分析：这里被骗者及时止损，眼看到手的鸭子就飞了，被骗者继续进行下一阶段的诈骗，从提供服务诈骗转向退款诈骗。可谓“炉火纯青”。

诈骗者：可以的先生！但是我们是专业团队有固定流程，您需要先缴纳本金，然后我们会双倍返还给您。按照您现在的消费金额，您还要先缴纳3989元，这样我们可以走账，然后把您前面缴的费用和押金一起退。

受骗者：(怎么都感觉在骗我？先试试)【转账1元】。

诈骗者：【转账2元】。

受骗者：(真的可以？不行，再试试)【转账37元】

诈骗者：【转账74元】。

受骗者：(真的可以诶)【转账3989元】。

诈骗者：先生您这金额不对啊，您要重新转7938元！

受骗者：(居然没感觉哪里不对)【转账7938元】。

诈骗者：您转了吗？没有收到啊！我边显示没有收到啊。

受骗者：转了！

诈骗者：没有收到，可能是您第一次操作失误时超时了。现在您要再转15877元才能全部返还了。

受骗者：【转账15877元】。

诈骗者：我这边系统提示您的支付号显示风险控制了，您要再转3次31754元，以及20000元的超时费。

受骗者：(失去理智)【转账31754元3次】【转20000元】。

诈骗者：我这边系统显示由于消费金额过多，账号被冻结

了，您需要再给系统交 44104 元的手续费，以上所有消费才能一起返还给您。

受骗者：打开某明借贷【转账 44104 元】。

诈骗者：系统提示错误，没有到账，您再操作一次。

受骗者：(打开某呗借贷)【转账 44104 元】。

诈骗者：今天账户已经冻结了，您明天再看看前面返还的钱有没有到账。

话术分析：通过双倍返还的利益诱惑，让被害人认为不仅可以回本而且还能大赚一笔，这也是第二次抓住了被害人的贪利心理。当然这是不可能的。从转错、没收到、冻结、解冻等一系列操作就类似赌博的心理，进一步让被害人增加被骗金额。

(第二天)

受骗者见钱没有到账。于是拨打 110。

第八章　杀猪盘话术分析

第一节　案　例

一、投资理财类

案例 1[①]**：**

杨女士在抖音 APP 上认识了一个自称叫“刘涵”的人，“刘涵”向杨女士推荐了一个叫“BOTIM”APP 的社交软件，说这样聊天更加方便，杨女士下载以后，两人一开始聊生活上的事，后来“刘涵”向杨女士发了一个二维码，说微信扫码后可以在这个 APP 里炒外汇赚钱，杨女士微信扫码后发现是一个名叫“申万宏源证券”的 APP，“刘涵”说只要按照他的方式来炒外汇就一定可以赚钱，对方给杨女士发了赚到钱的截图，杨女士便相信了。杨女士随即注册了“申万宏源证券”的会员，当天就充值了 10000 元进去，对方教其操作，当天就赚了 1000 多元并成功提现了，于是杨女士当天又充值了 50000 元进去，又赚了一些钱并且

① 转引自锦州网警巡查执法，《女子跟随网友“赚大钱”不料一周被骗 10 余万》，https：//baijiahao. baidu. com/s？ id = 1681852362457570181&wfr = spider&for = pc，访问时间：2021 年 4 月 14 日。

马上提现了。这时“刘涵”就让杨女士多充一点，也可以多赚一点，杨女士称其没有这么多的钱，对方叫杨女士去借钱，杨女士去借了亲戚的60000元后，加上自己的钱又往里充值了105000元，在平台也看到的确是赚钱了。“刘涵”给杨女士说平台最近有活动，但需要预约，最低需要充值40000美金，杨女士需要再充十几万元才可以预约这个活动，到时候可以一次返利28万元。杨女士就又去借钱向平台充值了10多万元，平台客服联系杨女士称其银行卡信息有误，账户已被冻结，需要再充值10000美金才可以解冻，算下来需要70000人民币才够，杨女士当时没钱了，也不想再去借钱了，“刘涵”称其会给杨女士想办法。后来杨女士只拿了10000元，“刘涵”答应出剩下的钱，杨女士把这10000元充进去后需要排队，要不就是再充值一个35000元的黄金会员，杨女士不想充就一直等，其间，“刘涵”给杨女士说自己涉嫌洗黑钱，需要出国跑路，后再也联系不上“刘涵”，杨女士等了一个月后发现可能被骗遂报警。

案例2[①]：

王先生在QQ上认识了一个陌生人，对方称有赚钱途径，问王先生是否有兴趣，王先生表示有兴趣后对方向其推荐了一个叫“奢源”的博彩APP，并称在APP上跟着他投可以保证只赢不输，王先生信以为真。根据对方发来的APP注册了账户并且按照对方提示操作，向个人账户进行充值进行博彩，后发现APP无法

① 转引自搜狐网，《速看！警方已确认，这些APP都是骗钱的！》，https：//www.sohu.com/a/333119629_395123，访问时间：2021年5月16日。

打开，钱款无法取出，意识到被骗。

二、博彩类

寿光市民王先生通过网络认识了一名网友，该网友每天都在微信朋友圈炫富，还通过朋友圈分享“玩博彩”赚钱的路子。王先生禁不住诱惑主动和对方聊天，这名网友告诉他，自己跟着微信群里一名“导师”赚钱，这位“导师”知道博彩网站的开奖规律，并热心地把王先生拉进了微信群。王先生进群后，看着群成员跟着“导师”日进斗金便心动了，他向“导师”咨询了博彩网站网址，并按照要求充值了少量资金。最初，王先生跟着“导师”赚了点钱，钱也能快速提现，这让他放松了警惕。过了几天，博彩网站搞会员充值活动，导师要求群成员把握机会，王先生一下子充值了10余万元。很快，王先生又跟着“导师”中了大奖，但是，当王先生准备提现时，却发现网站资金被冻结。“导师”告诉王先生，只有充值同等金额的钱跟单，资金才能给解封。面对巨额奖金的诱惑，王先生从亲朋好友处借了10余万元再次投注，没想到，自己投注后便被移出了微信群。接警后，寿光市公安局民警经多方查证，线索全部指向作案地——湖南省娄底市。市公安局刑警大队、站前派出所民警两下湖南，行程3000多公里，最终将涉嫌诈骗的9名犯罪嫌疑人抓获。

投资理财一定要认准正规的渠道，要保持头脑冷静，不要被所谓的“高回报”迷惑。不要随意添加陌生人、加入陌生微信群，更不要被微信群中所谓的“导师”和“学员”欺骗，给虚假网站充值。同时提醒大家，网络博彩是违法犯罪行为，不能参与其中。

第二节 诈骗话术分析[1]

这类骗术首先在嘘寒问暖的聊天环节使受害人对其产生信任，其次是在交谈过程中明确表示可带受害人赚钱，骗取钱财后，诈骗人或者相关平台中途跑路或者假借亲密关系相关理由进行隐身。

让我们根据案例话术进行进一步分析：

步骤 1 我在用手机做点投资

（通过诈骗者的朋友圈或者其他社交窗口了解到其最近的生活状态）

话术分析：这是进行诈骗的前置性手段——故意将“露财”状态发布，等待“鱼儿上钩”。

被骗者：最近在忙什么？挺久没联系了。

诈骗者：也没什么事情呀，在家休息呢！顺便用手机赚点外快，做做投资什么的。 

被骗者：这么厉害啊！

诈骗者：还好还好，有空也可以带你一起做啊。

话术分析：这是“杀猪盘”的切入阶段。骗子和受骗者互相加上好友后会先聊一阵子，然后突然减少聊天频率。等受骗者主动联系，诈骗者就会提起“赚钱”或“投资”的话题。这是为了

① 转引自刘振章，载《陕西凯韬律师事务所咨询谈话笔录》。

勾起受骗者的好奇心，也顺便测试受骗者是否真的有潜质成为那头“猪”。

步骤 2　按照我说的做，保证你盈利

被骗者：我没做过投资，不是很会。

诈骗者：这个操作起来很简单的，我可以教你啊！只要你按照我说的做，保证稳赚不赔。

被骗者：但我手里现在没啥钱啊……

诈骗者：前期我也不会让你大投入，还是怕有风险。

诈骗者：这样吧，我帮你投几百进去，如果亏了就不要你还了。

被骗者：你真好！

话术分析：代表诈骗者很强的同时还带点俏皮，提高了聊天的轻松氛围。等受骗者上钩之后，骗子会不经意间展示自己的“投资战果”，让受骗者看到骗子账户的高额盈利。当受骗者动了心但又下不了决心去做的时候，骗子会用“稳赚不赔”来进一步攻陷受骗者的防备心理。一般受骗者投入小额资金后，就会有所盈利（后台修改结果），让受骗者在体验轻松赚钱快感的同时，为后续大额投入作铺垫。

步骤 3　这还是小行情，行情好会赚更多

被骗者：哇，宝宝厉害啊，一晚上赚了 90 块，我刚刚提现到账了。

诈骗者：

诈骗者：还可以吧，这还是小行情呢，行情好会赚得更多。

被骗者：真的吗？

被骗者：

被骗者：我也好想跟着你一起赚大钱。

话术分析：这是“杀猪盘”的钓大点阶段。满屏中充满了表情包，大概率是男女之间的聊天，而且年龄可以推断出比较小，18~25岁左右。代表“猪”上钩了。当受骗者盈利后成功提现到账，其赌性和物欲也会逐渐显露，骗子就会开始以“大行情”忽悠受骗者大额充值，从受骗者身上吃更多的“肉”、喝更多的“血”。而且一旦人习惯了一次输赢几万元的投注方式，就会对金钱不再敏感。

步骤4　借点钱周转一下，咱赚笔大的就撤

被骗者：但是现在太穷了，工资不高还要还贷款，实在没什么钱投。

诈骗者：嗯嗯，知道的。

诈骗者：不过说真的，马上有一波大行情要来了，可遇不可求啊，我想带你赚更多的钱。

诈骗者：要不你去找朋友借点钱？或者在网上找安全的平台贷款，反正赚一波咱们就撤！

被骗者：让我考虑一下。

话术分析：这是“杀猪盘”最血腥的阶段。和的表情有助于化解出现“挫折”的情况，而且双方的表情相同可以体现“共患难”的真情，有助于下一步的诈骗行为。此时，受骗者的账户已经获得了很客观的盈利，受骗者很想继续投入却苦于无钱可投。趁着受骗者正被钱财冲昏了头脑，骗子会开始怂恿受骗者去借钱或指导受骗者去各种平台进行贷款。让受骗者陷入这种疯狂的游戏无法自拔，最终债务缠身。

步骤5 别担心，个税（保证金）我帮你出一半

被骗者：宝宝，怎么办？怎么办？

被骗者：我的本金盈利我都搞不出来了，显示提现失败。

被骗者：客服说银行卡信息错误，要缴什么保证金，余额的10%，我哪有这么多钱啊。

诈骗者：怎么会这样，当初输卡号时不是让你反复核对了吗？

诈骗者：别急，既然这样，我帮你出一半吧！剩下的你自己凑一下，离提现就差一步了。

被骗者：你真好。

话术分析：此时，被骗者的钱已经深陷在平台里无法出金。如果不同意平台的出金条件，继续投入所谓的个税或保证金，就要面临本金也全部损失的风险。这时骗子会开始安抚被骗者，假意帮助被骗者凑钱充值（其实骗子和平台是一伙的），让被骗者深受感动后，对骗子怀有歉意而任其拿捏。

步骤 6　请考虑下我们的未来

诈骗者：你相信我这一次就行，多赚点钱，咱们奔现也有资本了，日子肯定会好过很多。

诈骗者：亲爱的，想想咱们的未来！

被骗者：

话术分析：还是诈骗者在用情感来进一步欺骗被害者的表情。如果被骗者还再打退堂鼓，骗子会用激将法让被骗者继续投注，最常用的就是让被骗者考虑父母和自己的未来。不得不说，经过专业培训的“屠夫”谈起感情真的很在行。

步骤 7　现在不方便和你视频，咱们见面再说

被骗者：好了这么久了，一直不跟我视频。

被骗者：

诈骗者：不要多想了，亲爱的，其实也不是我不想跟你视频。

诈骗者：主要是之前我跟别人视频聊天，被偷拍过，差点被骗了，心理阴影了都，等时机到了，我会去找你的，相信我。

被骗者：宝宝，对不起。

被骗者：

话术分析：“杀猪盘”的骗子会想尽一切理由拒绝和被骗者视频，比如在工作、在出差不方便，比如家教严，比如有心理阴影，等等。一方面，是因为他们朋友圈都是盗用照片，一视频就会暴露。另一方面，也是为了不留下任何证据，还有一方面从两性心理来讲，让男方尽可能从有理变成处于弱势的“无理”的状态，强化骗子下一步提出要求的成功率。说明理由的过程较其他的回复的文字数量多，一般在聊天过程中体现“真情实意”，用字数增强解释的可信度。

第九章　冒充公、检、法及政府机关类话术分析

第一节　案　例

一、冒充公安等司法机关工作人员

犯罪嫌疑人以被害人名下的银行卡、电话、社保卡、医保卡等具有消费功能的工具被冒用，或被害人身份信息泄露，涉嫌洗钱、贩毒等犯罪活动，再或是利用被害人涉及的诉讼纠纷或者已经终结的诉讼纠纷，冒充公检法等司法机关执法人员，要求被害人将资金转入国家账户配合调查（在部分案件中，犯罪嫌疑人还会向被害人展示假公检法网站上发布的假通缉令、追诉起诉等法律手续，来骗取被害人信任或是吓唬被骗人）。

案例 1[①]**：**

赵女士正在家中待着，有人给她打电话说是唐山法院户籍科

① 转引自河北石家庄市反电信网络诈骗中心，《你因非法入境被电话传唤！可能是诈骗！警方曝光案件经过……》，https：//news. huanbohainews. com. cn/system/2020/03/16/011895178. shtml，访问时间：2021 年 5 月 5 日。

民警，称赵女士是非法入境，让她到唐山接受调查，还说让她给青岛法院打电话问问她还有没有别的违法案子被涉及。之后，对方给赵女士转接了青岛法院。青岛法院电话接通后，说赵女士涉嫌洗钱，要清查赵女士的资产。于是，赵女士按照对方说的从网上下载了“网易会议”APP 后双方开始视频聊天。赵女士按照对方说的，首先把名下的银行卡都绑定微信，然后把钱充值到微信里面，最后把钱都提现到赵女士名下一张中国农业银行卡上。对方还让赵女士把定期存款转成活期存款。赵女士就去了农业银行，到银行后赵女士查看农业银行卡的余额，发现提现的钱没有到账，就感觉被骗了，于是报警。

案例 2①：

刘某接到自称是海南省迈澄县公安局王警官的电话，被告知自己涉嫌诈骗罪要求到迈澄县公安局接受询问。刘某说自己身居西安无法过去，随后“王警官”说可以通过视频进行询问。刘某根据“王警官”要求下载了一个软件进行视频，视频中，“王警官”身着警服，称刘某曾用自己的身份证在银行贷款未还，现涉嫌诈骗罪，要承担刑事责任。刘某对此浑然不知，顿时恐慌，连忙向“王警官”解释自己从未贷款，不知道此情况。“王警官”接着问是否给别人借用过身份证或者身份证丢失过，刘某回答自己也记不清。“王警官”让刘某配合他们，按照他们要求去做可以澄清自己的罪名，刘某答应。“王警官”让刘某先给银行还款（银行账户由王警官提供），他们再调查实际贷款的人，最后让实

① 载《北京华泰（西安）律师事务所 2021 年案例库》。

际贷款的人把这笔钱返还给刘某，否则就立即逮捕刘某。刘某按照要求将钱转给“王警官”提供的账户里，后来过了一段时间联系不到“王警官”，才发现被骗。

案例 3[①]：

钟某接到电话，电话中对方称自己为西安市中级人民法院的刘法官，问钟某之前有没有接到过法院的电话？法院有没有通知开庭？钟某说自己之前和蒋某打过官司，在西安市未央区人民法院，最后调解了。“刘法官”又问因为什么打的官司，具体情况是什么？钟某说自己欠蒋某 10 万元被蒋某起诉到法院，后来调解完自己偿还的 5 万元，现在剩余 5 万还没有偿还。“刘法官”告诉钟某，这个官司蒋某最后又在中院上诉，审判时钟某未到庭，法院进行了缺席审判，判决钟某欠蒋某 5 万元，现到了执行阶段，要求钟某配合偿还欠款，否则就立刻逮捕钟某。钟某听后心里恐慌，随后按照“刘法官”要求，向“刘法官”提供的账户中打了剩余的 5 万元。后来过了一段时间，蒋某又向钟某索要剩余 5 万元，钟某才知道自己被骗。

二、冒充医保局等民政部门人员

犯罪嫌疑人冒充税务、教育、民政、社会和劳动保障、残联、金融机构（银监会等）等政府部门工作人员，以领取补助、退税、助学金，或称社保、医保、证券、金融等账户出现异常（通常为冻结、失效等），或称入学手续、学业项目等内容出现问

① 载《北京华泰（西安）律师事务所 2021 年案例库》。

题为由诱骗被害人向安全账户汇款来实施诈骗。

案例 1：

朱女士接到自称是宜春人力资源保障局工作人员电话，对方告诉朱女士其身份证在上海医疗保障局开了一张医疗银行卡，涉嫌骗保，并称会把朱女士社保卡及其名下所以银行卡进行冻结。之后骗子让朱女士添加上海嘉定公安局工作人员 QQ 号。加 QQ 号后，对方自称是上海嘉定公安局的郑军，要求朱女士把所有钱转到一张没有冻结的银行卡里面，然后添加另一个 QQ 号，朱女士按照该 QQ 号的人说的操作步骤，将被骗的 100000 元资金转账到骗子的账户中，后发现被骗总金额 134000 元整。

案例 2：

小明是定边县定边中学的一名学生，今年高考考到了西北政法大学，在去往学校报到时接到自称是教育局工作人员的电话，对方向小明核实了小明的真名、录取学校、家庭地址等信息后，便说教育局现在有一个项目，就是对大学生学费进行补贴。具体流程是：先向教育局缴纳 1000 元，然后教育局会和学校联系，剩余的学费由教育局向学校缴纳，学生只需要去报到，到时候无需再缴纳学费。小明按照要求给教育局工作人员提供的银行卡里转账了 1000 元，后到学校报到时发现自己被骗。

第二节 诈骗话术分析①

首先，国家机关一般会采取邮件（普通邮递）、电话（单位座机）的方式向某个公民通知某项事宜，并不会采取民用电话甚至手机的方式。例如，公安部门的 110，邮政储蓄银行的 95580，中国移动公司的 10086 等。其次，在该类诈骗中，通过一定的虚假身份、公事公办的挡箭牌作用，增强了诈骗者的诈骗权威和对于受骗者的心理震慑，与贪图钱财不同，因为牵扯个人前途的利益更多一些，这就使得嫌疑人在一般情况下态度强硬，使得没有防备的受骗者被语气和内容所蒙蔽。

类型 1：

诈骗者：喂，你好，请问是×××吗？

话术分析：当诈骗者联系到受害者，第一句话直接确认受害者基本信息，说明受害者的信息以某种方式已被泄露，诈骗者完全掌握或者掌握了部分，诈骗者说话会模仿公检法人员的那种刚正不阿、雷厉风行的语气。在该情况下受害者一般会突然变得紧张认真，直接跟着诈骗者的思路走了。

受骗者：是的，请问你是？

话术分析：受害者是以一种认真和小紧张的心态去回答，已经对诈骗者身份初步形成一个悬疑，对接下来的话充满好奇心理。

① 转引自刘振章，载《陕西凯韬律师事务所咨询谈话笔录》。

诈骗者：我是××公安局的警察，你涉嫌诈骗罪，现在需要到××公安局接受讯问。

话术分析：诈骗者冒充公安人员，态度特别强硬地告知受害人涉嫌犯罪，基于公安机关是初步侦查是否构成犯罪的国家机关，具有很高的威严，所以受害人听到是公安机关，自己又涉及犯罪，会瞬间不知所措，完全陷入自己构成犯罪的问题之中，产生恐惧害怕心理。

受骗者：啊？我怎么构成犯罪呢？我做什么了吗？

话术分析：受害者已经陷入恐惧害怕之中，完全没有被骗的意识，注意力全部集中在自己为什么构成犯罪，是不是犯事了，且心理又非常着急，会反复追问诈骗者具体情况。

诈骗者：你用身份证在十多个平台贷了100多万元，现在都已经超期，这些平台找不到你都报了案，现在你涉嫌诈骗罪，我们要对你进行逮捕讯问。

话术分析：诈骗者基于受害者紧张、急迫和害怕的心理，顺势通过早已经设计好的圈套进行发问，向受害者简说构成犯罪的原因，往往这种原因要么不确定，要么后面的话会圆上，致使受害者不会过于怀疑。

受骗者：我没有向这些平台贷过钱啊，我怎么会诈骗呢？

话术分析：受害者已经被诈骗者引导着走，质疑自己是否真的构成犯罪，或者构成犯罪是否是自己所为，一般如果不是真正犯罪分子，都在想着怎样澄清，向诈骗者辩解自己没有实施犯罪。

诈骗者：那你身份证之前有没有借给过别人，或者丢失没有及时补办的情形？

话术分析：诈骗者利用人们通常都会发生的事情来诱导受害人进一步怀疑自己的行为，趁机让受害者产生更大的恐惧。

受骗者：啊？我好像丢过，也借给过别人，那现在怎么办？

话术分析：这时候大部分受害者都会完全相信对方，也多多少少有对方说到过的情形，急迫等待怎样能够解决。

诈骗者：那你现在过来一趟，或者我给你一个账户，把你银行卡钱转出来，我们再联系银行对之前的转账流水记录进行侦查，既然不是你干的，我们会查到是谁干的，等这个案子弄完后，我们会把你的钱退回来。

话术分析：诈骗者已经开始着手让受害者进行转款，利用受害者的恐惧和急切心理，让受害者完全相信自己的身份和意见，一般要求去公安局的都不可能实现，因为受害人一般与诈骗者所处的城市不在一个地方。

受骗者：好的，我马上配合你们去转账。

话术分析：受害者已经完全上当受骗。

类型2：

诈骗者：喂，你好，请问是×××同学吗？

话术分析：诈骗者第一句询问受害者的姓名进行确认，如果和受害者对上，说明受害者的信息以某种方式已被泄露，诈骗者可能完全掌握或者掌握了部分，诈骗语言开始。

受骗者：是的，请问你是？

话术分析：受害者一般都会本着正常的语气回答，进一步了解到对方是谁，因为在当今社会，有很多陌生的电话，有些有用，有些是广告，但是一般人都会接起来再进行初步询问，担心有什么正事错过。

诈骗者：我们是××教育局/工会/扶贫办/民政部门，现在单位有一项对今年高考过了本科线的大学生的补贴项目，请问你是××学校×××，今年考到了××大学吗？

话术分析：诈骗者冒充国家单位工作人员，基于第一句话的确认，再编造自己的单位和相关活动，用已经掌握在手的个人信息和受害者进行确认，已达到让受害者更加相信自己的身份的目的，再加上每个人都有爱占便宜的天性和刚刚考上大学的高兴劲，一般都不会过多怀疑对方的真实身份。

受骗者：是的，我也听我们同学说他在哪个部门领取了补贴，请问这个是怎样领取的？

话术分析：受害者已经进入圈套之中，完全没有被骗的意识。因为在现实生活中，由于地域的不同，有些地方就会对大学生进行补贴，国家也有一系列政策对贫困家庭考上的大学生进行补贴，所以受害者不会过多怀疑对方。另外，学生刚从学校毕业都比较单纯，防范诈骗意识很差，所以自然而然地就顺着诈骗者的圈套进去。

诈骗者：你们学校的学费是××××，现在咱们单位的补贴是：你只需要缴纳1000元，剩余的我们都给你补贴了。

话术分析：诈骗者说出补贴的套路，一般都会比较贴近真实的国家补贴政策，加之属于国家机关，受害者基本完全相信，最终都会向诈骗者直接或者间接转钱。

受骗者：好的，你给我账号我给你转。

话术分析：受害者已经完全相信，将钱转入诈骗者账户。

第十章 冒充领导、熟人类话术分析

第一节 案 例

该类诈骗主要有相关直属领导和相关部门熟人两种形式，实际上没有本质的区别。

案例 1[①]：

吴女士称在某天下午，一陌生微信号添加她，该人自称为某区的区长，且头像及微信名称都与区长本人相似，该人向吴女士借钱，并给吴女士提供两张银行卡号，吴女士分三次通过现金汇款的形式，给对方转账 70 万元人民币。

案例 2[②]：

有一个微信陌生人加李先生微信，自称是李先生的领导（张

① 转引自澎湃新闻宁城公安，《如有人自称领导加你微信，你会……》，https：//m. thepaper. cn/baijiahao_14419813，访问时间：2021 年 8 月 19 日。

② 转引自浙江新闻，《警惕！换头像冒充好友微信骗钱 平湖一男子被骗 4 千元》，https：//zj. zjol. com. cn/news/801610. html？ismobilephone=1&t=1549252729234，访问时间：2021 年 12 月 6 日。

某），李先生发现其头像和名称是张某就信以为真，添加了对方。一天上午，张某找到李先生，说让李先生帮忙将张某亲戚竞标的工程款转账给张某亲戚，因为张某工作时不方便，所以才找李先生帮忙，并且让李先生不要声张，后李先生就将银行卡号给了张某让其转账过来。过了十分钟，张某发给李先生一张给李先生转账的银行流水，这张凭证总共是 78 万元。李先生称没有到账，张某说大额要 24 小时到账，然后张某说让李先生先垫付一下，李先生说让张某亲戚来找，但是张某称亲戚不在身边，让李先生将钱转到银行账户上，李先生答应了。张某就把账户发给了李先生，李先生往该账户打款了 78 万元。后来李先生觉得张某转的账还没有到，就有点怀疑了，于是主动打电话问了张某本人，但是张某称自己没有让李先生转账，李先生才意识到不对劲，于是报警。

第二节　诈骗话术分析[①]

（案例节选）[②]

（双方成功添加好友后）

诈骗者：🤝

受骗者：你好。

诈骗者：以后如遇到什么困难给我发信息或者到单位来找我，我能处理的都会尽力处理好。

① 转引自刘振章，载《陕西凯韬律师事务所咨询谈话笔录》。

② 节选自互联网公安机关公开数据。

话术分析：塑造形象，进行热心的情感注入。这看似是让对方去麻烦自己，但平常我们一般不会麻烦领导帮我们办事，但是我们会感觉这个领导很亲切，拉近了上下属关系的距离，而这时诈骗者就会以领导的身份请求受骗者帮他办事，为后续作铺垫。

受骗者：感谢！哪天有时间请到我家坐哈！早就想请你，知道你忙又怕打扰你。

诈骗者：好的，你明天上午十点过来。

诈骗者：我先忙，明天见面详谈。

（第二天）

受骗者：早上好。

诈骗者：你稍微晚一点再过来，我现在临时召开会议，一会等会议结束了我再联系你过来。

话术分析：面谈、忙、开会，说明诈骗者很了解领导经常的形象。

诈骗者：你现在忙吗？

受骗者：在。

诈骗者：我有个私事没来得及处理想麻烦你替我代办一下。

受骗者：只要是我办的了没问题，不用客气。

诈骗者：是这样的，刚接到亲戚来电，他的厂里急需款急用，我想过笔款到你那，然后再以你的名义替我代为转过去给他。这样方便我日后收回来。

话术分析：急需款项，一般是此类诈骗的最终目的——金钱。“只要办的了没问题，不用客气”说明被骗者还是相信领导的请求的。

受骗者：好的。

诈骗者：拍你卡发给我。

受骗者：（拍摄银行卡的图片）。

诈骗者：（转账截图）我已办好，请查收。你那边有网银吗？

受骗者：有，还没到账。

诈骗者：我查一下，刚才比较着急，忘记加急了，要24小时才能到。亲戚那边比较急，你那边方便先替我发去给他，我转的明天到了即可。

话术分析：首先是加急的事情，其次是转账为到账，实际上接下来的操作都是诈骗者在索取被骗者自己的财产，“明天到了即可”，基于时间差，再加上领导的请求，很容易让被骗者放松警惕。一旦接触到转瞬即逝的网上转账，则财产损失的时间会非常快。

受骗者：好的。

话术分析：第一次的转账结果是实际测试，一般都是正常没有什么问题，第二天钱也确实到受骗人账户了，因此第二次诈骗真正开始。

（第二天）

诈骗者：**早上好。**

诈骗者：在忙吗？

诈骗者：起来了吗？

话术分析：从心理上讲，下属对于领导的权威大多是服从的，这种连续的发文，连续3条信息会让下属意识到领导事情的紧迫性，提前产生紧张的心理状态。同时也表明这一次正式的诈骗过程是诈骗者发起主动对话。

受骗者：在。

诈骗者：你现在再帮我安排给亲戚汇一笔款项。

受骗者：好。

诈骗者：62226××××673，（姓名），交通银行。

受骗者：好的。

诈骗者：处理好后把回执单发给我。

受骗者：嗯。

话术分析：一般情况下，我们的领导基于信任不会那么要紧地要所谓回执单、截图凭证、发票等的，需要这些证明材料的目的是确保后续的资金到账，为“金蝉脱壳”——拉黑完成诈骗作准备。

（一分钟后）

诈骗者：大概多久处理好？

受骗者：手机上转可以吗？把截屏发给你。

诈骗者：可以。

诈骗者：你现在手机网银有多少钱？

受骗者：8万元。

诈骗者：你先帮我安排8万元，给亲戚应急先。

话术分析：这里我们思考一下，之前没说是具体的数目，只说是转账，但是根据受骗者账户资金确定转账数目——8万元。在一般情况下，我们借钱通常会留一些金额给借款人，以作为他生活的必须资金，而这里说明“领导”索要全款，且不留余额给受骗者。

诈骗者：还没处理好？

受骗者：（系统截屏，显示“收款人账户信息有误，请核对”）转不过去呢？

诈骗者：我看一下，稍等一下，哦哦，亲戚那张卡是二娄卡，你办在这张卡，62××××××372308，吴德×，兴业银行。

话术分析：“你办在这张卡”——方言，将宾语后置，是西北方言特色，“二娄卡”打错别字，反映年纪大，且不平静不检查字体的心理，比较着急。二类卡和一类卡的区别的把戏会将受害人的经济损失再次拉大。

诈骗者：怎么样了？

受骗者：转了5万元，我得到柜台。

受骗者：弄。

诈骗者：你截图发给我。

受骗者：马上就好。

话术分析：和上述的一样，也是截图等凭证都急于需要，为后续的诈骗、获取账户、时间等敏感信息打下基础。不经意间就会通过截图被诈骗分子掌握流程细节。

诈骗者：你把回执单发我。

诈骗者：你是不是办好5个了？

受骗者：是的，（5万元转账成功的截图），我这个卡余额不够了，我再去建行取一点。

诈骗者：行，你把回执单发给我。记住要拍清一点。

受骗者：马上去在办。

诈骗者：收到，你到柜台办大概要多久？

诈骗者：事情低调处理。

话术分析：此时诈骗人也害怕事情暴露，或者被银行柜台工作人员识破，这时往往使被骗者低调，隐蔽，自我增强被外界识破骗局的屏障，巩固诈骗成果。在一般这种情况下，被骗者会消极对待银行的善意劝阻和提醒。造成了难以通过外界力量提前防骗。

受骗者：半个小时。

受骗者：放心好了，这方面我懂。

诈骗者：好。

话术分析：其实这里受骗者已经将自己的无法继续转账的理由说明了，但是由于“领导”说是中午就能到，就使得其继续相信，以转账更多数目。

诈骗者：你先不用办。

受骗者：又咋了。

诈骗者：亲戚的卡限额了。

诈骗者：我重新要了发你。

受骗者：好那就先不办了。

话术分析：此时5万元到手，完成诈骗，直接结束，编造借口说是亲戚的卡限额。

诈骗者：亲戚那边说够了，不用办了，我陪领导在外面，两点半回来联系你。

受骗者：好。 

(第二天早)

受骗者：在吗?

(对方已拉黑)

第十一章　网络游戏产品虚假交易类话术分析

第一节　案　例

一、出售相关游戏账号

尚先生在希阵拍平台上出售游戏账号，后有人购买该账号并给尚先生账户内转账 2000 元，提现时客服告诉其提供的银行卡信息有误不能提现，要继续提现的话需要交纳解冻资金 2000 元，然后尚先生就给客服提供的银行卡转入 2000 元，随后又继续申请提现还是没有提现成功，客服说提现不能整数提现，账户资金被冻结了，这次需要交纳账户余额 4 倍的解冻资金 16000 元，尚先生转入以后再次申请提现还是失败，客服称其身份证信息没有上传，账户资金又被冻结了，申请解冻需要交纳账户余额 2 倍的解冻资金，尚先生转入后再次申请提现显示提现成功，但是一直没有到账，才意识到被骗了，共计被骗 58000 元。

二、送相关游戏产品

小郝在网上玩手机游戏和平精英的时候，在 TT 语音上认识了一个好友，TT 语音昵称：皓皓。皓皓当时和小郝在 TT 语音里的一个房间里聊天，皓皓说要加小郝微信送小郝和平精英的游戏皮肤，添加微信好友后，皓皓发了一串英文链接给小郝，小郝点击链接关注了公众号“苏宁卡”，接着皓皓就一直通过微信打语音电话给小郝，让小郝按照他说的操作。随后皓皓发给小郝一个苏宁购卡链接，皓皓让小郝选择 1000 元再点击充值。小郝就问皓皓，这是不是真的钱，是不是要小郝付，皓皓说这是假的，钱不用付，但是小郝点击充值，输入了密码，微信里就真支付了 1000 元。小郝很害怕，但是皓皓说钱会退的，让小郝再继续刷、继续充值，说到时候所有的钱都会一起退给小郝，因为小郝什么都不懂，家里又没有大人，就按照皓皓说的操作，买了很多卡，充值了很多钱，中途皓皓还发过一张二维码给小郝，小郝还扫码支付了 1998.88 元。最后皓皓又让小郝把所有的微信聊天记录都删除，再把微信里的银行卡全部解绑，并说会跟家里的大人沟通，再给小郝退款，小郝全都照做了，所以微信里的充值记录也全都没有了。后来小郝父亲回家了，小郝把事情一说，最终才知道被骗了。

第二节　诈骗话术分析

诈骗者：卖号的?

受骗者：嗯，您可以看一看我的全部。

受骗者发了一系列道具游戏的截图。

受骗者：兽栏已经 5 级了，篝火等级比较低，3 级。

诈骗者：最低多少能出？

受骗者：550 元是最低价了。

诈骗者：500 元也可以吧？

受骗者：不行的，本来是 600 元。

受骗者：然后自己降到了 550 元。

话术分析：本案例中，受骗者是一位卖游戏账号的卖家，诈骗者自称买家，这里的对话讲价压价的过程，体现出诈骗者塑造的是一位普通人，而不是大手大脚的有钱人，我们平常工薪阶层对于购买物品都想的是看能不能便宜一点。这句“贯口”能够有效塑造形象，并降低后续被骗者的防备心理。

诈骗者：走转转没问题吧？

受骗者：转转？

受骗者：应该没问题。

受骗者：让我挂一下。

诈骗者：好的。

诈骗者：你挂好喊我下单呢。

受骗者：可以走 QQ 嘛？转转好费钱啊。

诈骗者：你把手续费加上去呢？手续费我出。

受骗者：好滴，还要投保，这个能把钱返回来嘛？

话术分析：先从“老买家”视角来讲，交易平台转移到所谓的“转转”这样的“大家都用它”的惯性平台上，并且自己垫付手续费，从以上的对话中可以看出诈骗者的潜台词：（1）你看大家都在这里卖号，我原来也用过这个，所以没问题。（2）你看，我都垫付手续费了，更没问题了——最终目的是打消受骗者——这位新人卖号的顾虑，进一步坚定了用这个平台的信心。

诈骗者：嗯呢，是的，投保才能挂的。

受骗者：【分享】【仅售600元】……请走转转担保交易，喜欢的话就赶快……】请使用最新版本手机QQ查看。

受骗者：【分享】【仅售600元】……请走转转担保交易，喜欢的话就赶快……>jumpurlhttps：//ap＊ ＊ ＊t ail&zzfrom =QQ。

受骗者：600×0.08=48，我收552块钱，您要是走QQ的话就不用多花这么多钱了。

诈骗者发了一张支付600元的截图。

受骗者：是滴，讲真老哥，我为你心疼这50块钱。

话术分析：一开始诈骗者自己还为了所谓“安全和靠谱”，向卖家推荐转转这个平台，并且演了一出“我宁肯自己掏手续费也要用靠谱的平台”的剧本。“我为你心疼这50块钱”说明卖家也被对方的掏钱买靠谱的行为所吸引和同情，从心理学上面讲，算是欠了人情，后面的行为或多或少对对方有了信任。

“我收552块钱”“老哥”的称呼也看出受骗者是认为欠人情的反应。

诈骗者：被找回赔更多。

受骗者：我这个是可以换邮箱换绑滴，这个也是我买的号，当时也是走QQ的。

诈骗者：我现在去下单吧？

受骗者：行。

话术分析：当受骗者考虑更换自己经常用的QQ时，被诈骗者直接换了话题，或者说直接就从“换哪一个平台”转为“使用这个平台，改下单了”。

诈骗者：你是号贩子吗？

受骗者：不啊，我是玩家啊，只不过游戏太多了。

诈骗者：行，那我现在去下单。

受骗者：玩不过来了。

受骗者：OK。

话术分析：诈骗者反而伪装成正经的顾客反问“有可能有问题的卖家”“号贩子”，这样能够使受骗者不仅需要自证清白不是号贩子，还对于买家的定位是真实的顾客，进一步降低了防备。

受骗者：然后您上我的号看一看。

诈骗者：

（图片含义：转转二手平台交易完成，出账扣除600元）

诈骗者：我下单好了，你用支付宝识别二维码跟客服审核处理好吧。

受骗者：OK，**您稍等一下。**

话术分析：“您”的称呼，表明受骗者的礼貌，较有素质的，且双方的表情和表达上的互动可以看出都是年轻人。

诈骗者： 

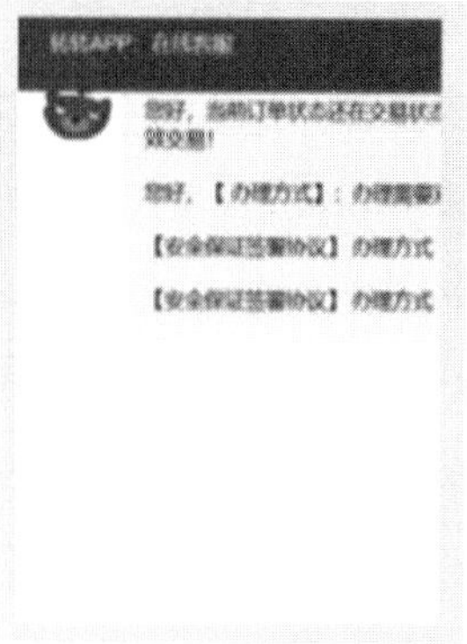

（图片含义：转出扣除1000元，客服订单已完成交易）没问题我就跟客服签协议了。

诈骗者：我弄好了，你处理好让客服快点给我发货。

受骗者：您等一下，我没有1000块钱去签那个协议。

诈骗者： 

话术分析：这是第一次尝试，也是诈骗者观察受骗者是否能够在平台上转账，同时以自己的转账记录截图——“我先付款了”来催促对方。

这个“”的表情包表明“无语”的含义，也说明诈骗者演技的高超，讽刺了对方不懂平台，为后续的快节奏操作和消息的快速“轰炸”打好基础。

受骗者：在找人借钱。 

诈骗者：好的，那你弄好的时候让客服给我快点发货呢。

受骗者：好了好了。

诈骗者：好的。

受骗者：抱歉抱歉久等了，我都没想到要1000元。

话术分析："在找人借钱"表明了已上钩，在自己没钱的情况下去借钱，有一定的"讨好型人格"，且"抱歉抱歉久等了"推断卖家可能是涉世未深的大学生。

诈骗者：你没弄过吗？

受骗者：第一次卖号hhhh。

话术分析：顺利获取对方是第一次卖号的信息。

诈骗者：

（图片含义：入账1000元）我的返还回来了呢。

受骗者：我的应该快了。

诈骗者：你没在转转买卖过？

受骗者：没。

诈骗者发了一个"吐了"的表情包。

话术分析：再次以“你没在转转买卖过”确认对方确实是第一次卖号。这样诈骗者可以调整策略，因为在等鱼上钩的同时也要警惕“骗子被骗”的情况发生。而卖号的商家也鱼龙混杂，说明诈骗者作为买家经验丰富老道。

诈骗者经常用“吐了”“无语”等含义的表情包进行回答，一方面是打压对方，有一定的PUA色彩，降低对方的防备，用强势的语态来进行对话，另一方面表明自己对于平台的熟练度很高，是个老手，进一步降低对方操作过程中的防备心理。达到使对方言听计从的效果。

受骗者：还要1800，真的嘛？

诈骗者：是啊，你要弄好首次才可以全部返还了啊，跟我第一次卖一样的呢，弄好了下次再卖就不那么麻烦了。

受骗者：啊？我没弄过。

诈骗者：麻烦死了，那要快点弄好啊别超时了，我还以为你用过转转的。

话术分析：继续借对方不懂，操作不熟来打压。

受骗者：9××××73@qq.com，1××××789V，你先登。

诈骗者：嗯嗯。

受骗者：账号正确吗？

诈骗者：可以的，我这边跟客服审核。

受骗者：还要6800元。

诈骗者：??

话术分析：??表示自己反而不知道，打消对方疑虑。

受骗者：要1000元、1000元、1000元、4000元。

诈骗者：没有吧，你截图我看看。

受骗者：一共要我 6800 元，我的妈！

诈骗者：那就等客服返还给你呢。

受骗者：QQ 就没有这么麻烦了，哭了。

诈骗者：QQ 不保障啊，QQ 等会儿找回我就哭了。

诈骗者：

（图片含义：客服发布信息：您好，抱歉转账失败，请您尽快解决、当前需要双方……否则，金额是不会收取的）我吐了，你怎么弄超时了啊。

受骗者：肯定啊一步一步，那么麻烦，肯定超时啊。

诈骗者：吐了，我现在也去付了，你快点弄好吧。

受骗者：我也吐了，我花了 8600 元了，我的妈，我现在很惶恐。

诈骗者：快点弄好吧，别再超时了。

诈骗者：

（图片含义：出账扣除共 1800 元）我这边弄好了。

受骗者：我也是。

诈骗者：好的。

受骗者：好家伙，上万了，我还要付 3600 元。

诈骗者：

（图片含义：入账 1800 元）我这边刚返还回来，你干嘛了。

受骗者：异常，还要 3600 元。

诈骗者：那就快弄好吧，我都怕你又超时了。

受骗者：我再也不用转转了。

诈骗者：怎么了？你那边是出啥问题了？感觉好麻烦。

受骗者：说我账号异常。

诈骗者：那你弄好了吗？

受骗者：没，15800 元，好家伙。

诈骗者：那就快弄好吧，我都服了。

受骗者：还要 6800 元，我死了。

诈骗者：快点弄好吧，好久了大哥。

受骗者：没有，我已经被封控了。

诈骗者：你的支付宝出问题了吗？

诈骗者：吐死了。

受骗者：还不如在鱼上面呢。

诈骗者：鱼没有保障啊。

受骗者：我上 3w 了。

诈骗者：你的问题怎么比我第一次卖还麻烦。

……

受骗者：我快好了，我好了，我再也不用转转了，你们该不会是电信诈骗吧？

诈骗者：我都跟你一起付了啊，人家那么大平台还差你那点啊！

受骗者：客服不回我了。

诈骗者：

（图片含义：入账17400元）我这边刚返还回来，你别再出问题了啊。

受骗者：客服直接不理我了。

诈骗者：截图我看看。

受骗者：

（图片含义：被骗者在催诈骗者：快点快点啊）

诈骗者：还没回吗？

受骗者：我不卖了，要我付1w。

诈骗者：你干嘛了？

受骗者：说我支付宝异常。

诈骗者：大哥你别坑我啊，你别又搞超时了。

话术分析：大哥你别坑我啊，撇清干系。

受骗者：我报警了。

诈骗者：大哥你别坑我啊，那现在怎么办啊？

第十二章　网络婚恋、交友类（非杀猪盘）话术分析

第一节　案　例

一、冒充本国人[①]

案例：

杨女士称一名微信昵称为方某的男子通过卖保健品的微信群加杨女士为微信好友，杨女士同意后二人开始微信聊天，方某称自己是重庆北碚人，现在乌克兰工作，是一名地质工程师，妻子在乌克兰暴乱中去世，有一个十多岁的女儿。二人聊天一个月后，方某称其不想在乌克兰生活，想回到中国，其公司给了他200万美金，需要用国际物流邮寄到中国，因在中国没有朋友，想邮寄到杨女士处，让杨女士代收，但需要杨女士先垫付海关税、金融税等费用，等200万美金邮寄到杨女士处，杨女士可以把垫付的费用取走。杨女士同意后，方某给杨女士发了物流单

---

① 转引自九派新闻，《千万别信！“来华投资”汇款代为垫付邮资，警银携手劝阻一起电信诈骗》，https://www.sohu.com/a/464854408_121019331，访问时间：2021年11月30日。

子，并说物流公司工作人员会给杨女士发邮件。后杨女士 QQ 邮箱接到物流公司多次邮件，该邮件以邮寄美金不合法，以要海关保险文件和海关入境标签、反洗钱文件、进项税和进口税以及请律师等理由，让杨女士向指定的银行账户转账，杨女士按照物流公司邮件的要求向对方指定的多个账户转账 15 次，共计人民币 414400 元。

二、冒充外国人①

案例：

王女士添加了一个微信好友，对方自称是英国人，想与王女士一起在国内同居，跟王女士说有一个快递箱被扣押在海关，内有护照及 140 万美元，需要打给海关人员一些费用才能发给王女士包裹并承诺与王女士一起生活。王女士陆续给此人提供的账户汇款共计人民币 741000 元。

第二节 诈骗话术分析

作者对于常见的婚恋诱骗关键话术进行摘抄，并一一作出分析，具体如下：

“我是海鲜大户，龙港四川都有房。”

---

① 转引自江苏广电集团荔枝新闻客户端，《又一起网恋被骗！“杀猪盘”新增“英国工程师”模式》，https：//baijiahao. baidu. com/s？ id = 1650994738105442301&wfr = spider&for=pc，访问时间：2021 年 9 月 7 日。

话术分析：一方面，提高自身价值，潜台词是“我才不可能为了你的这点小钱和你斤斤计较的”，降低被骗者防备心理；另一方面对于一些拜金的被骗者增加了上钩的可能。

“她只是我‘一生一世的好闺蜜’。”

话术分析：“一生一世”增加了同伙的可靠性，实际上都是诈骗团伙。

“我妈和亲戚都想见见你。”

话术分析：奔现是很多网络情侣梦寐以求的，也往往成为骗子“绑架”被骗者以求更多付出的条件之一。

“欠贷10万元没关系，只要我们努力就能还清!”

“说实话我是真心‘爱你的’，只不过我最近要还以前的债和贷款。”

话术分析：用正能量的词语进行诱导，而且为被骗者未来画饼。

第十三章　虚假征信类话术分析

第一节　案　例

一、第三方支付公司[①]

案例：

2021年8月张女士在家中接到电话自称是支付宝客服的电话，告知张女士其支付宝信息是学生信息，需要更改成成人信息，并进行资金认证（要求张女士将名下所有账户内的资金转到其名下的中国银行账户，然后再将钱转到对方指定的一个银行账户内），完成资金认证后会对资金进行返还。张女士按照对方的要求将资金转出后，对方又以张女士支付宝花呗内还有额度，需要将额度提现出来进行资金认证，否则不能完成资金认证，无法将资金返还给张女士。张女士又将支付宝花呗额度提现并将资金转给对方。之后对方告知张女士要在美团上将张女士的额度贷款贷出来做资金认证时，张女士才发现被骗，前后共

① 转引自澎湃新闻平安岷县，《【反电诈宣传】当心！“支付宝客服”盯上了曾用过“花呗”的你，结果……》，https：//m. thepaper. cn/baijiahao_14597265，访问时间：2021年6月23日。

计被骗人民币 36785. 75 元。

二、传统银行[①]

案例：

李女士收到一条陌生短信，内容是不及时注销光大银行信用卡会影响征信，并附上联系电话。李女士担心自己征信受到影响，就打了短信中的电话。对方自称是光大银行客服，对方说如果想不影响征信，就必须提供一张银行卡卡号以及该银行卡的取款密码、银行发的短信验证码等内容，李女士信以为真，就按对方要求告诉了对方相关信息，结果李女士通过银行微信公众号看到自己银行账户里的钱被他人在 ATM 上取走（还有另外两笔是通过 Apple Pay 的方式进行缴费充值），李女士这才看到告诉对方的验证码是绑定一闪通（Apple Pay）的验证码，对方用无卡取款的方式将李女士账户中的钱取走，李女士这才意识到自己上当受骗了。

① 转引自抚州网警巡查执法，《细思极恐！一条短信引发一起诈骗，背后竟有……》，https：//baijiahao. baidu. com/s？ id＝1652501297725170837&wfr＝spider&for＝pc，访问时间：2021 年 8 月 14 日。

第二节　诈骗话术分析

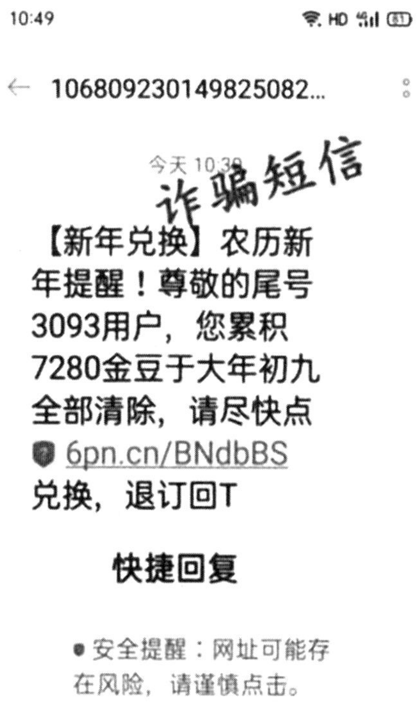

话术分析：尾号3093首先确定是被骗者的账号，获取第一步的信任。然后提前给用户说明一些已经享有的“利益”，利用人的趋利占小便宜的心理，诱导其打开链接（手机安全系统已经经过筛查发现安全风险，能够为用户减少点击的概率，有一定的预防作用）。

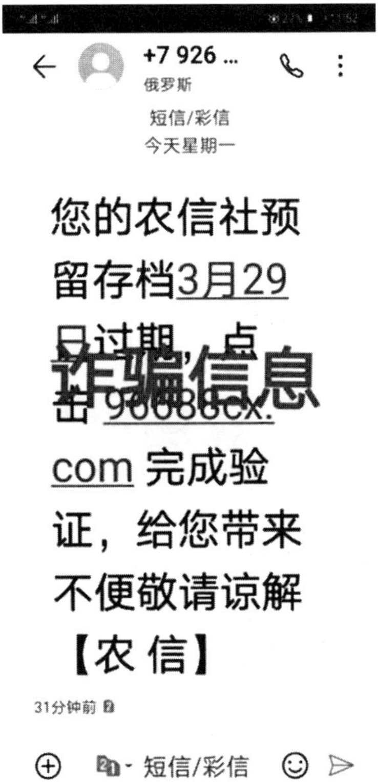

话术分析：以【农信】作后缀，有单位署名往往使得官方的色彩增强，增加了迷惑性（号码来源为俄罗斯，也能够对用户起到提醒和预防作用）。

第十四章　冒充军警购物类话术分析

第一节　案　例

一、购买军用物资

王先生在店里接到一个陌生人打来的电话，其自称是消防支队的领导订购军用床。之后王先生和对方联系，对方说有个地坪的项目想交给王先生做，让王先生帮忙采购88张军用床，因走账不方便王先生就添加了对方微信号。对方发给王先生一个银行卡号，让王先生将钱转到这张银行卡上。后王先生将12万元打到对方账户上后，就再也联系不上对方了。

二、购买生活用品

刘先生在自己的北京市房山区冷冻食品批发店内接到一陌生男子来电，称自己是某消防队的采购，需要鸡肉、鱼肉等。因对方要求的牛肉罐头刘先生自家店内没有，对方便向刘先生提供了罐头厂家的联系方式。刘先生与罐头厂家联系并添加微信，交付定金，后对方业务员以账号冻结需要解冻为由，要求刘先生4次给对方陌生账号手机银行汇款，共计转账 321217.85 元。

第二节 诈骗话术分析

一起诈骗案件情况是这样的："刘指导员"打来电话咨询货源问题是否解决，并称由于开展其他工作，要追购 2500 箱"自热面"。于是代某又找"韩科长"订购了 2500 箱"自热面"，对方依旧称货源充足，资金到账马上发货，此次代某又向"韩科长"汇款 16.5 万元。接着，"刘指导员"又打来电话，称还要继续追购，"韩科长"知道情况后催着代某转账，让代某放心供货问题。此时，"韩科长"的态度让代某起了疑心，于是他跑到某消防大队现场确认是否有"刘指导员"此人，经确认，并无此人，代某察觉到被骗，于是报了警……

我们来看一下具体的话术再现：

诈骗者 1：您好，我是某消防大队的指导员刘某，我们想找您订购一款容量 540 克的自热面 1500 箱……

受骗者：不好意思，我们品牌的自热面只有容量 236 克的，没有容量 540 克的。

诈骗者 1：那我给您推荐一个甘肃的供应商，我之前找他定过这种容量的自热面，现在他转行了，您可以找他问一下进货渠道。

受骗者：好的，好的，我这就联系……

受骗者：您好，我是某消防大队刘指导员推荐过来，找您咨

询一下容量540克自热面的进货渠道。

诈骗者2：好的，我之前是找河北一名姓韩的男子订购的，联系方式给你，你自己找他订购。

诈骗者3：您好，我姓韩，是“北京自热面”厂家的科长，您有什么需要？

受骗者：您好，我想找您订购容量540克的“自热面”1500箱，请问价格如何？

诈骗者3：我们是厂家直销、货源充足，批发价格是一盒16.5元，但由于单位的资金审批严格，您只有货款先到账，我们才能发货。汇款账户已发送给您！

受骗者：怎么是个人银行账户，不是对公账户？

诈骗者3：因为对公账户要多缴税，多缴税的话，我们就没办法给到您这么实惠的价格了，利益关系，你懂的！

话术分析：(1) 与“供货商”联系采购事宜，但却不知“供货商”和“大队领导”是串通一气唱双簧的犯罪嫌疑人。(2) 用科长等职务作为掩护，让被骗者相信其身份。(3) 关于纳税的理由往往是被骗的前一步。

受骗者：我已经通过银行转账，将“采购资金”9.9万元转给您了。

第十五章　其他涉信息网络新型犯罪类话术分析

第一节　案　例[①]

一、裸聊诈骗

彭先生在“陌陌”APP 上面约炮，然后对方要彭先生添加 QQ 号，添加 QQ 号后对方发给彭先生一个链接，称这个链接是和别人约炮的视频，彭先生点击链接下载软件发现没有视频，之后彭先生回到家就和对方进行裸聊，裸聊完对方就给彭先生发了一个视频，彭先生点击一看是自己的裸聊视频，对方要求彭先生给钱之后删除视频，彭先生给了钱后，对方还要彭先生走另一个程序。后彭先生实在是没钱，就打 110 报警了，其共被骗 125800 元。

二、ETC 诈骗

莫女士称其在家中收到一条陌生短信，短信内容是莫女士的高速 ETC 通行账户被停用了，上面有一个解除网址。莫女士点击

① 载《陕西凯韬律师事务所 2021 年案例库》。

该网址后，弹出一个 ETC 在线认证中心页面，莫女士在该页面上点击恢复验证，之后又在页面上输入了名字、身份证号码、银行卡号，过了没多久就收到验证码短信（银行消费验证码），莫女士多次将验证码复制后粘贴在在线认证中心页面验证码输入框，最后发现在非本人操作消费的情况下，其名下的工商银行卡被消费了 3 笔、招商银行信用卡被消费了 1 笔，一共损失 11946 元。

第二节　诈骗话术分析①

诈骗者：小哥哥晚上好呀，加我是要跟我网爱吗？

受骗者：可以呀，怎么玩？

话术分析："小哥哥"一般是年轻女性对于对方的称谓，网爱是网络视频做爱简称，是犯罪分子的行话话术。

诈骗者：哥哥你玩过吗？要保证安全哦，我们可以开视频互污。

话术分析："污"，现代网络用语的污，主要是指一些淫秽色情的言行、场景、画面等，也有软色情的含义，也常常作为成人间的调侃和内涵话语。

受骗者：来呀，满足你，直接视频吗？

诈骗者：不行，这个要被举报，哥哥等我一下，你下载直播软件，进我房间，12 号。

话术分析：一般这种诈骗都不会在官方大众的直播软件或者

① 转引自刘振章，载《陕西凯韬律师事务所咨询谈话笔录》。

社交视频软件进行，都是以开始的聊天软件建立联系和信任再到骗子指定的视频聊天软件进行裸聊诈骗，便于骗子收集被骗人的隐私视频信息。

受骗者：好，这个要收钱吗？

诈骗者：视频互看就是视频做爱，不收费，你也要满足我。不说话哦，隔音不好。

（两个人视频看到了彼此，但是都是普通的视频头像）

话术分析：先让被骗人进行裸聊，是该类诈骗的手段。防止被“黑吃黑”。

诈骗者：好，我看到你了，你快点都脱了，离远一点，我要看到全身。

受骗者：真的不收费？

诈骗者：免费陪哥哥玩，只要你给我直播间小爱心就行，我道具都准备好了。

受骗者：真的假的？

诈骗者：诚心玩就脱了，别浪费时间。

话术分析：激将法，激发对方的不耐烦的心理，进行更进一步的诈骗。

受骗者：好，我脱了，你也全部露出来。

诈骗者发了受骗者的通讯录。

诈骗者：兄弟，你自己好好看看，我们只是图你点小钱，不想给你把事情闹大，我们无冤无仇的，我们也不想搞你，更不想以卑鄙的手段搞你，你好好配合我们，我们也不会为难你，转1000元，帮你删除干净。

第十六章 平台投资类话术分析

第一节 案 例

一、投资荐股类

张先生在自己家中玩手机发现被陌生人拉到一个叫“鹏×汇”的微信群中，群里有 26 个人，张先生都不认识，群里有一个叫赵×的人，每天都在群里推荐股票，最初张先生也不相信，就跟着观望，后来赵×说他一个姓李的导师手上有个新项目很赚钱，就拉着张先生投资，张先生就同意了。赵×就把那个新项目的项目经理微信推给了张先生，张先生加上后，项目经理跟他说这个项目是做机器人的，给张先生发了一个链接，让张先生在这个链接的网址上投资，张先生一共投资了 38500 元，最初还可以看到收益，后期平台一直无法打开，才发现被骗。

二、传销类

付先生在家玩手机时在网上看到投资理财的课程，点进去注册，发现和传销模式差不多就没有再看。过了几天，有人添加付先生的微信，付先生通过以后，对方发了一些关于投资理财的图片。付先生觉得还可以，就和对方联系，对方给付先生发送了一个网址，付先生进去下载了一个名叫“王府”的 APP。下载后付先生按照提示步骤进行注册，等注册好以后，对方称有导师讲课，在一款名叫“FEEL”的软件里，付先生跟着听了几天课，导师经常会在群里分析以前投资人的获利情况，并说让付先生把钱交给他们公司投资，到时候按比例分红就行。付先生就联系导师张某，张某又让其下载了一个叫做“蓝天”的 APP，付先生一开始投了 3000 元，发现每天都有收益，后来慢慢就追加投资，一共投资了 13 万元，后发现平台无法打开，相关人员也无法联系，遂发现自己可能被骗。

第二节　诈骗话术分析

第一步：寻找目标——守株待兔阶段

时间：3 月的一天。

诈骗者 1：老友你好  **，后面在这个微信交流。**

受骗者： 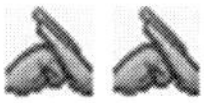

话术分析：“老友”是团伙惯用称谓，一下子先拉近了距离。再如“老哥”“老伙计”等。受骗者抱拳的微信表情也表明了在初期是尊重对方的，体现了之前的铺垫行为营造了受骗者对于诈骗者 1 的权威的认可。

时间：4 月中旬 22 点。

诈骗者 1：你有加上我 QQ 没？平时的一些战法指标以及后面

要布局的标的都会通过 QQ 发送，没有的话记得添加一下。QQ 号是 205354×××。

诈骗者 1：名片>账号 3020b382××4501e@ s tranger：昵称×D 科技——刘×头像 http：//wx. qlogo. cn/mmhead/ ver 1/5hlibiatuplxW9VCv2XK×××；现在加上刘×去领取账号，晚上登录听课。

话术分析：诈骗者将微信和 QQ 工具进行灵活转换，看似是不同的账号，实际上很有可能是同一个人用不同的号。另外，从第二段的账号和称呼的文字排版，很有可能是批量集中复制粘贴，可见老练。

诈骗者 1：你那个其实就是加仓补仓的原理，买多了成本就会降低，卖出了成本自然变高。

话术分析：教授原理，“其实就是”四个字实际上是潜在的稳定受骗者心理的做法，让其消除疑虑。

受骗者：难道这不是做 T?

诈骗者 1：就是做 T。

话术分析：直白明显，另外也有“顺着”受骗者的说法进一步降低其疑虑的说法。

时间：一天后。

受骗者：老师，我要注册账号，麻烦你了。

诈骗者 1：名片】>账号 3020b382××2@ st ranger：昵称 XRL 项目经理-张×；头像 http：/∧wκl××/´mmhead/ver1. ××A/0。

话术分析：“头傢”实际上是“头像”，不认为是打错别字的情况，实际上是一种脱敏的效果，说明诈骗者 1 的反侦查能力较强。

另外，此消息与之前的消息格式相似，猜测可能是通过统一的方式方法进行的导出操作或者复制粘贴操作。

时间：半个小时后。

诈骗者 1：你现在点击名片加上项目经理注册好账号，明天跟上认购。

时间：一天后。

诈骗者 1：老友今天有办理好账户跟上认购操作没？目前位置还是很有利的价位，可以及时进场。

时间：一天后。

话术分析：如果是较为权威的“老师”，则受众面较广，可能没有时间专门每天去为一位学员进行介绍，因此可能为群发消息，或者是这位“老师”根本没有太多受众，就是单单为这个“鱼饵”服务。

诈骗者 1：老友周末愉快，这两天有点忙，很多老友给我留言没有及时回复请谅解。今晚我会在直播间重点地讲解【岳××长】和股市后期的操作，这两天我一直在为此次×尔科技项目的下一轮资金做准备，咱们这个项目从最初的价格 20 块不到，到现在已经涨到了 36 块，根据行情走势以及消息利好，我预计今晚行情就会有异动，开始大幅拉升，冲击我所预期的第一阶段目标位 50 块，后面空间仍然很多，第二阶段价格我看到 100 块，第三阶段还会更高，目前的价格后面空间我看最少还有几倍以上，你这边进场了吗？

话术分析：从语句的框架结构可以看出是群发消息，具有一定的营销性，另外从价格的变化可以看出（20 块—36 块—50 块）

看出一定的渐进性，充满了一定的诱惑，但同时有理有据，不至于显得突兀或是虚假性，反而显得结果充满合理性。为下一步的直播课上的宣传诈骗作铺垫。

时间：直播结束后。

诈骗者1：提现的流程你去问一下项目经理，很简单的。

受骗者：谢谢老师。

诈骗者1：不客气，昨晚有到直播间听课了吧？

受骗者：必听的。

话术分析：这时受骗者的玫瑰表情和抱拳的表情说明已经相信诈骗者，诈骗者将提现相关的业务转移给其他人，让受骗者体验所谓的“规模性，层级性”，实际上在角色转换的过程中可以降低受骗者的防御。

第二步：拉近与受害人或者与群内其他成员之间的距离阶段

诈骗者2：通过微信好友添加验证请求。

受骗者：谢谢你教我。

诈骗者2：都是一个群的，客气啥，我刚开始也不会，也是群里的老友教我的。

话术分析：“都是一个群的”，这种回复凸显热心，用情感人，降低受骗者的防备心理，同时好像是站在了和受骗者同样的参与者的角度，更能拉近与受骗者的距离。

受骗者：就是不知道安全吗？遇到好多进入后资金不能出来的。

诈骗者 2：我提现过，是正常到账的。再说不能提的话，也不可能全球推广吧，钱无小事，所以我刚开始就试过提现了。

话术分析："就是不知道安全吗"疑问中带有犹豫，自己在自我解释，从心理学来讲是为对方找理由使自己相信，其实还是在对方的权威的气氛营造的影响下造成的思维方式。

"钱无小事，所以我刚开始就试过提现了"是诈骗者很巧妙地"设身处地"地为对方考虑关键利益——钱财提现的问题，进一步在"提现的困难问题"之中营造患难见真情的潜在气氛的语境。

时间：两天后。

受骗者：老兄在吗？

（半个小时后）

诈骗者：上午有事忙，就把手机放口袋了  。

话术分析：加一个"微笑"的表情实际上是掩盖心中的虚伪，从语句发布的习惯来看，这位诈骗者很少使用表情包，可是这次使用了，说明害怕对方的"多虑"，因此加强自己的不慌不忙，想表达把手机放口袋里面的真实性。

受骗者：老兄，你确定这不是坑吧？我怎么有点担心啊！老兄，你进场了多少资金？

诈骗者：加鹏哥的有 100 多万元。

受骗者：你好厉害啊  。

诈骗者：你呢？

受骗者：我才十几万，穷啊。

诈骗者：机会要抓住，也不少了，到 200 万元的时候应该可

以弄个市代。

话术分析："穷啊"说明骗局数量都是较为大额的，证明受害者还是有相当的经济实力的。

受骗者：你觉得这是机会吗？你不担心吗？

诈骗者：担心什么？

受骗者：不担心是骗局吗？你跟赵老师多久了？你了解他吗？这个网站安全吗？

诈骗者：哪来那么多骗局哦。

受骗者：我是上当受骗了不少次，害怕了。

话术分析：受骗者已经开始忐忑怀疑，但是从问句中能看出他还是想要有一个好的结果，对于整个骗局还是处于未识破的阶段。三个反问句表明之前确实是已经受过一次骗了。

受骗者：你拿到资金池的融资了？

诈骗者：拿到了呀。

诈骗者：20 万元。

受骗者：看来你很放心。

受骗者：我没有拿到。

话术分析：用 20 万元来打消受骗者的疑虑，增加对于再次回本赚大钱的期待值。

第三步：在受害人投资时进行指导，确定资金到账

诈骗者 3：（昵称为：XRL 项目经理–张晨，于晚 23 点发送消息）：您好，我是×尔科技国际公司亚太地区项目经理张晨，您是赵×先生团队的朋友吗？

受骗者（于凌晨4点发送消息）：是的，你好。

（8点50分发送消息）能介绍一下这个项目的操作吗？

诈骗者3：其实就是通知交易所平台来认购我们×尔科技的数字股权，目前是还在B轮融资阶段。

受骗者：多少起购呢？哪个交易所？

话术分析：自称项目经理的作息时间较晚，非工作时间，已经应该怀疑工作内容与工作性质不是正常的情况。

回复消息的频率较慢，说明在看受骗者的反应适时回答。

……

（相关介绍平台的操作细节内容）

……

诈骗者3：是哪里有问题？不懂的可以截图，然后把备注码发送给我，我会联系交易所为您尽快发放到账。

诈骗者3：请问你现在有在充值承兑吗？

诈骗者3：不懂的地方可以告知，我教你。

诈骗者3：完成后记得把转汇明细截图和备注码发我，我为你核实快速发放到账。

话术分析：截图和“快速”两个字增强了过程的紧凑感，减少受骗者中间思考和识破骗局的可能时间。

受骗者：我要承兑，网站怎么打不开？

诈骗者3：因为交易所提前面向国际市场开放，周末两天平台系统升级，目前充值承兑需要通过人工通道操作。

话术分析：诱导进行人工操作，实际上是增加了团伙幕后操作资金流的空间与机会。

第三部分

常见电信诈骗案件防范策略

一、安装国家反诈中心 APP，开启预警拦截功能

"国家反诈中心 APP"中有拦截功能，开启该功能，一般的诈骗电话就会直接被拦截或者预警。对于学生和年老的人来说，是一个很好的防诈屏障。

二、线下核实相关情况

接到陌生电话，凡是要给对方转钱的，不管是国家哪个机关、哪个单位，都可以停下来先了解相关情况，在网上查询对方是否是真实的，或者涉及自己的是否属实。在查清一切后，可以再与对方进行核实。

三、学会上网看案例

1. 中国裁判文书网

该网站中有全国所有的判决，凡是电话中对方提到自己涉及什么纠纷，都可以直接在该网站进行查询，直接搜索自己的姓名或者案号就可以查到所有与之相关的判决。如果没有，那就说明没有作出判决或者压根就没有。

2. 被执行人网

凡是列为被执行人都可以在该网站进行查询，查到具体案件、执行标的、时间以及双方当事人。如果没有查到，那就说明已经履行完毕或者没有被法院列为被执行人。

四、增强"天上不会掉馅饼"的意识

我们的人生不可能会无缘无故地得到赏赐，需要小心谨慎，

就像俗话说的那样：天上不会掉馅饼。每个人的幸福生活需要每个人自己一点一滴地努力去实现！

五、选择正规金融机构贷款

1. 银行贷款流程

准备材料——办理申请——资质审查——发放贷款。

若是不符合银行贷款条件而选择民间借贷的，应到正规的信贷公司、担保公司或小额贷款公司实地洽谈贷款事宜。选择网络贷款平台的，务必选择正规的大平台，注意甄别平台的真实性，不可盲目轻信手机或互联网信息。

2. “高额、低息、放款快”，过于宽松的贷款条件都是诱饵

所有的正规贷款额度都是由个人的生产经营状况、收入水平、偿还能力以及信用状况等因素决定，贷款资质更是要经过严格审核。不会出现过高的额度或是过低的利息这样的情况，急速放款更是绝无可能。

3. 所有放贷前收费的都是诈骗

无论是银行贷款、民间借贷还是网络贷款，都不可能出现放贷前收费的情况。

六、被诈骗后的补救措施

1. 联系银行工作人员

受害人应当在第一时间联系银行的工作人员，如果用的是手机转账，那么第一时间打电话致电银行客服，如果还没到账的话银行会取消这笔交易。

如果是ATM转账，在发现汇错账户后，受害人最好尽快到就近的银行柜台，凭转账当天ATM出具的打印凭条向银行工作人员核实对方账户是否存在。如果对方账户不存在或无效，则款项将在一定时间内自动回到汇款人账户。但如果对方账户真实存在、有效，那么汇款人可以先报案，提供警方证明，要求银行工作人员协助。

2. 受害人应第一时间向公安机关报案

受害人应第一时间向公安机关报案，要求公安机关出面介入调查。首先公安机关会要求银行查实对方身份，然后和对方沟通是否愿意把钱退回。若对方不肯将钱退回，受害人可以凭借汇款单到法院提请民事诉讼，法院可采用不当得利的法律条款协助受害人将钱追回。

3. 通过诉讼途径

受害人可以携相关证据到当地法院请求诉前保全。法院会根据当事人提供的账号和用户名，到收款方账户的开户银行查封账号，并根据对方在银行留下的个人信息和对方取得联系。如果对方不承认或不愿归还，根据我国法律规定，法院可以强制执行。

参考文献

［1］王远新．语言学教程［M］．北京：中央民族大学出版社，2017.

［2］岑运强．语言学基础理论［M］．北京：北京师范大学出版社，1994.

［3］周世界．统计语言学［M］．大连：大连海事大学出版社，2004.

［4］路丽娜，齐家福，胡月英．电信诈骗犯罪阶段研究［J］．福建质量管理，2012（3）.

［5］王华，崔俊影，经芳．语言学［M］．吉林：延边大学出版社，2018.

［6］张富翠．欺诈性语句经济活动中表现及建议［J］．商场现代化，2009（3）.

［7］王静，徐巍，何丽丽．现代汉语［M］．吉林：延边大学出版社，2017.

［8］申小龙．语言学纲要［M］．上海：复旦大学出版社，2003.

［9］张佳琦．电话、短信、传销等诈骗言语行为研究［D］．黑龙江：黑龙江大学，2011.

［10］桂诗春．心理语言学［M］．上海：上海外语教育出版社，1985.